Wittmann · Baars (Hrsg.)

Nadelstichverletzungen

Änderungen im Arbeitsschutz durch die Neufassung der TRBA 250

Wittmann · Baars (Hrsg.)

Nadelstichverletzungen

Änderungen im Arbeitsschutz
durch die Neufassung der TRBA 250

Fortschritte in der Präventiv- und Arbeitsmedizin
Herausgegeben von F. Hofmann

Dieses Werk will Sie beraten. Die Angaben sind nach bestem Wissen zusammengestellt, jedoch sind Fehler nicht vollständig auszuschließen. Aus diesem Grund sind die Angaben etc. mit keiner Verpflichtung oder Garantie des Verlages oder der Autoren verbunden. Beide übernehmen infolgedessen keinerlei Verantwortung und Haftung für eine etwaige inhaltliche Unrichtigkeit des Buches.

Die Deutsche Nationalbibliothek verzeichnet diese Publikation in der Deutschen Nationalbibliografie; detaillierte bibliografische Daten sind im Internet über http://dnb.d-nb.de abrufbar.

Andreas Wittmann · Stefan Baars (Hrsg.)

Nadelstichverletzungen

Änderungen im Arbeitsschutz durch die Neufassung der TRBA 250

Reihe: Fortschritte in der Präventiv- und Arbeitsmedizin

© 2007 Verlagsgruppe Hüthig Jehle Rehm GmbH, ecomed MEDIZIN
Justus-von-Liebig-Straße 1, 86899 Landsberg/Lech

Telefon 0 81 91 / 125-0, Telefax 0 81 91 / 125-292

Internet www.ecomed-medizin.de

Alle Rechte, insbesondere das Recht der Vervielfältigung und Verbreitung sowie der Übersetzung, sind vorbehalten. Kein Teil des Werkes darf in irgendeiner Form (durch Fotokopie, Mikrofilm oder ein anderes Verfahren) ohne schriftliche Genehmigung des Verlages reproduziert oder unter Verwendung elektronischer Systeme gespeichert, verarbeitet, vervielfältigt oder verbreitet werden.

Satz: Typografik S. Kampczyk, Mering

Druck und Bindung: Kessler Druck + Medien, Bobingen

ISBN 978-3-609-16379-6

Inhaltsverzeichnis

Vorwort 7

Autorenverzeichnis 9

Abkürzungsverzeichnis 11

Infektionsrisiken für medizinisches Personal durch blutübertragbare Krankheitserreger: Ein globales Problem 13
Holger F. Rabenau, Sabine Wicker

Gefährdungsbeurteilung von Nadelstichverletzungen – eine Studie der Universitätsklinik Frankfurt 27
Sabine Wicker, Holger F. Rabenau

Nadelstichverletzungen – eine Übersicht 41
Andreas Wittmann, Friedrich Hofmann, Nenad Kralj

Nadelstichkampagne am Klinikum Oldenburg 63
Katrin Sander

Angepasste Präventionsmaßnahmen gegen Nadelstichverletzungen am Klinikum der Region Hannover 73
Steffi Filter

Inhaltsverzeichnis

**Einsatz sicherer Venenverweilkatheter im Rettungsdienst –
Ein Erfahrungsbericht** 85
Hubertus von Schwarzkopf

**Neufassung der TRBA 250 – Konsequenzen für die Praxis
aus Sicht einer Arbeitsschutzbehörde** 91
Ulrike Swida

Umsetzung der TRBA 250 – Wie fange ich an? 101
Fred Meyerhoff

**Vorgehen staatlicher Aufsichtsbehörden nach der Neufassung
der TRBA 250 am Beispiel von Niedersachsen** 105
Stefan Baars

**Technische Regel für Biologische Arbeitsstoffe
TRBA 250 „Biologische Arbeitsstoffe im Gesundheitswesen
und in der Wohlfahrtspflege"** 115

Vorwort

In Einrichtungen des Gesundheitswesens in Deutschland ist nach Schätzungen mit jährlich etwa 500.000 Nadelstichverletzungen zu rechnen. Die durchschnittliche Rate pro Beschäftigten liegt bei bis zu 0,98 Stichverletzungen im Jahr. Nach wie vor werden Nadelstichverletzungen nicht nur von den Betroffenen häufig bagatellisiert („war ja nur ein kleiner Pieks"), und dementsprechend werden Stichverletzungen häufig nicht gemeldet. Die Dunkelziffer liegt bei bis zu 90%. Hierzu trägt sicher bei, dass größere sichtbare Verletzungsfolgen anders als bei anderen Arbeitsunfällen meist ausbleiben.

Besonders betroffen sind Pflegekräfte und Ärzte sowie Beschäftigte in Rettungsdiensten. Am häufigsten kommt es bei der Entsorgung benutzter spitzer und scharfer Gegenstände zur Stichverletzung. Anerkannte Risikofaktoren für Stichverletzungen sind u.a. Hektik, Zeitnot, Unerfahrenheit besonders zu Beginn der beruflichen Tätigkeit, fehlende Vertrautheit mit den eingesetzten Arbeitsmitteln und deren Entsorgung, z.B. durch unzureichende Unterweisung.

Ein typischer Nadelstich überträgt 1 µl Blut und damit, z.B. bei Hepatitis B, genügend Infektionserreger, um mehrere 10.000 Menschen zu infizieren. Zum Schutz gegen eine Infektion mit Hepatitis B ist eine wirksame, gut verträgliche Impfung möglich, nicht jedoch gegen Hepatitis C, HIV und viele andere ggf. auf dem Blutweg übertragbare Infektionen. Selbst bei ausreichender Immunität gegenüber Hepatitis B kann somit jede Stichverletzung zu einer Infektion führen.

Ob es beispielsweise zu einer Übertragung einer Hepatitis-C- oder HIV-Infektion gekommen ist, kann erst mit einer Latenzzeit von Wochen oder Monaten sicher beurteilt werden. Diese Zeit ist wegen der potenziellen Konsequenzen dieser Infektionen mit erheblicher Unsicherheit und Ängsten für die Betroffenen verbunden. Eine AIDS-Erkrankung ist auch heute noch nicht heilbar und somit immer noch als „Todesurteil" anzusehen. Eine Hepatitis-C-Infektion verläuft meist asymptomatisch und geht unbehandelt in der überwiegenden Zahl der Erkrankungen in einen chronischen Verlauf mit dem Risiko der Entwicklung einer Leberzirrhose bzw. eines Leberkrebses über.

Vorwort

Einer HIV-Infektion kann durch frühzeitige postexpositionelle Prophylaxe relativ erfolgreich vorgebeugt werden. Eine Hepatitis-C-Infektion kann im Frühstadium abhängig vom Virustyp in bis zu 80% der Fälle geheilt werden. In beiden Fällen ist jedoch die Meldung der Stichverletzung und die konsequente serologische Nachkontrolle Voraussetzung für den therapeutischen Erfolg. Selbst wenn diese Voraussetzungen erfüllt werden, verbleiben jedoch angesichts der im Frühstadium meist fehlenden Symptomatik beider Infektionen bis zum sicheren Ausschluss einer Infektion bzw. Nachweis einer erfolgreichen Therapie monatelang erhebliche und sehr belastende Unsicherheiten und Sorgen der Betroffenen, ob „alles noch einmal gut gegangen ist".

Wir müssen uns somit die Frage stellen, welche beruflichen Risiken und Belastungen wir Berufsgruppen zumuten wollen, die sich mit hohem Engagement für die Allgemeinheit einsetzen und dafür materiell mit Ausnahme der Ärzte kaum angemessen vergütet werden.

Die Verpflichtung zur Einführung sicherer Arbeitsgeräte zur Vermeidung von Nadelstichverletzungen im Rahmen der Novellierung der TRBA 250 kann einen wichtigen Beitrag zur Minderung dieses Risikos leisten.

Alle Beiträge in diesem Buch entstanden aus den Vorträgen der Fachtagung „Infektionsrisiko durch Nadelstichverletzungen – Neue Regelungen verpflichten zum Einsatz sicherer Systeme" am 11. Oktober 2006 im Rahmen des Runden Tisches für betrieblichen Arbeits- und Gesundheitsschutz in Hannover. Die Beiträge dieses Bandes fassen den Kenntnisstand zur Problematik der Nadelstichverletzungen zusammen, führen in die neuen Vorschriften ein und geben einen Überblick über erste Erfahrungen mit sicheren Arbeitsgeräten sowie weiterer Maßnahmen zur Risikominimierung.

Die Herausgeber bedanken sich ausdrücklich bei allen Referenten, der Niedersächsischen Krankenhausgesellschaft und den zahlreichen helfenden Händen, die alle zum Gelingen der Veranstaltung beigetragen haben.

Hannover und Wuppertal im Juni 2007   Andreas Wittmann
                                            Stefan Baars

Autorenverzeichnis

Herausgeber

Dr.-Ing. Andreas Wittmann
Arbeitsphysiologie, Arbeitsmedizin
und Infektionsschutz
Fachbereich D – Sicherheitstechnik
Bergische Universität Wuppertal
Gaußstraße 20
42119 Wuppertal
andwitt@uni-wuppertal.de

Dr. med. Stefan Baars
Staatliches Gewerbeaufsichtsamt
Hannover
Göttinger Str. 14
30449 Hannover
stefan.baars@gaa-h.niedersachsen.de

Autoren

Dipl.-Ing Steffi Filter
Betrieblicher GesundheitsService
der Landeshauptstadt
Hannover/Arbeitssicherheit
In den Sieben Stücken 2–4
30655 Hannover
steffi.filter@hannover-stadt.de

Prof. Dr. Dr. Friedrich Hofmann
Arbeitsphysiologie, Arbeitsmedizin
und Infektionsschutz
Fachbereich D – Sicherheitstechnik
Bergische Universität Wuppertal
Gaußstraße 20
42119 Wuppertal
fhofmann@uni-wuppertal.de

Priv.-Doz. Dr. med. Nenad Kralj
Arbeitsphysiologie, Arbeitsmedizin
und Infektionsschutz
Fachbereich D – Sicherheitstechnik
Bergische Universität Wuppertal
Gaußstraße 20
42119 Wuppertal
kralj@uni-wuppertal.de

Dipl.-Ing. Fred Meyerhoff
BGW-Präventionsdienste Magdeburg/Außenstelle Hannover
Anderter Str. 137
30165 Hannover
Fred.Meyerhoff@bgw-online.de

Autorenverzeichnis

Prof. Dr. Holger F. Rabenau
Institut für Medizinische Virologie
Klinikum der Johann Wolfgang
Goethe-Universität
Frankfurt am Main
Paul-Ehrlich-Str. 40
60596 Frankfurt am Main
Rabenau@em.uni-frankfurt.de

Katrin Sander
Fachkraft für Arbeitssicherheit
Klinikum Oldenburg
Dr. Eden Str. 10
26133 Oldenburg
sander.katrin@klinikum-oldenburg.de

Dr. med. Hubertus von
Schwarzkopf
Klinikum Bremen Mitte
Arbeitsmedizin
St. Jürgen Str. 1
28177 Bremen
baed@klinikum-bremen-mitte.de

Dr. Ulrike Swida
Behörde für Arbeit, Gesundheit
und Soziales
Amt für Arbeitsschutz
Billstraße 80
20539 Hamburg
Ulrike.Swida@bsg.hamburg.de

Dr. med. Sabine Wicker
Betriebsärztlicher Dienst
Klinikum der Johann Wolfgang
Goethe-Universität
Frankfurt am Main
Theodor-Stern-Kai 7
60590 Frankfurt am Main
Sabine.Wicker@kgu.de

Abkürzungsverzeichnis

ArbSchG	Arbeitsschutzgesetz
ÄV	Äquivalent der Vollzeitkraft
BiostoffV	Biostoffverordnung
HAV	Hepatitis-A-Virus
HBV	Hepatitis-B-Virus
HCV	Hepatitis-C-Virus
HCW	Health Care Workers, Mitarbeiter im Gesundheitswesen
HDV	Hepatitis-D-Virus
HIV	Human-Immundefizienz-Virus
KSV	Kanülenstichverletzung(en)
NSV	Nadelstichverletzung(en)
PEP	Postexpositionsprophylaxe
SI	Sichere Instrumente
UVT	Unfallversicherungsträger

Infektionsrisiken für medizinisches Personal durch blutübertragbare Krankheitserreger: Ein globales Problem

HOLGER F. RABENAU, SABINE WICKER

Zusammenfassung

Medizinisches Personal ist im Rahmen seiner Tätigkeit einer potenziellen Infektionsgefährdung durch den Kontakt mit Körperflüssigkeiten infektiöser Patienten ausgesetzt. Insbesondere Stich-, Schnitt- oder Kratzverletzung sind Ursache solcher Gefährdungen. Bei Blutkontakt kann ggf. das Hepatitis-B-Virus (HBV), das Hepatitis-C-Virus (HCV) oder das Human-Immundefizienz-Virus (HIV) übertragen werden.

Weltweit sind ca. 300 – 420 Millionen Menschen chronisch mit HBV, ca. 100 – 130 Millionen chronisch mit HCV (in Deutschland jeweils ca. 400.000 – 500.000 Personen) und etwa 40 Millionen Menschen mit HIV infiziert (in Deutschland ca. 56.000 Personen).

Das Gefährdungspotenzial der Mitarbeiter im Gesundheitswesen (Health Care Workers, HCW) hängt wesentlich davon ab, ob präventive Schutzvorkehrungen gegen ungewollte Verletzungen getroffen werden (z.B. die korrekte Entsorgung verletzungsrelevanter Gegenstände, Verwendung sicherer Instrumente, durchstichsichere Abwurfbehälter, geschlossene Systeme für die Blutabnahme, kein „Recapping").

Die Angaben zur Häufigkeit von Nadelstichverletzungen (NSV) schwankt erheblich und wird für die USA mit 0,18 NSV/HCW/Jahr kalkuliert, in Mitteleuropa mit 0,64, im südlichen Afrika mit 2,1 und in Nordafrika sowie im mittleren Osten mit 4,7.

Der Artikel stellt das Gefährdungspotenzial durch Nadelstichverletzungen in Deutschland und im internationalen Rahmen dar.

1 Einführung

Das Expositionsrisiko für blutübertragbare Viren wie HBV, HCV oder HIV ist für Mitarbeiter in medizinischen Einrichtungen höher als für nicht im Gesundheitsdienst Tätige. Nadelstichverletzungen (NSV) stellen in diesem Kontext ein bedeutendes Infektionsrisiko dar. Unter den Begriff NSV werden jegliche Schnitt-, Stich-, oder Kratzverletzungen der Haut durch Messer, Nadeln o.ä. subsummiert, sofern diese mit Patientenmaterial verunreinigt waren.

Neben den oben genannten Viren können auch andere Erreger temporär virämisch auftreten – so z.b. das Hepatitis-A-Virus (HAV), das Hepatitis-D-Virus (HDV), Cytomegalievirus (CMV), Epstein-Barr-Virus (EBV), Parvovirus B19, HTLV 1/2, Enteroviren und Dengueviren. Bei diesen Viren ist das Risiko einer Infektionsübertragung durch eine NSV eher niedrig [16]. Andere, nicht-virale Erreger, wie z.b. Tuberkulose, Diphtherie oder Streptokokken, stellen ebenfalls nur ein geringes NSV-Risiko dar.

Die Gefährdung des medizinischen Personals, durch eine NSV eine Infektion zu erleiden, hängt – neben der Art der Verletzung und der Menge des übertragenen Blutes – vor allem davon ab, ob der Patient seinerseits infiziert ist (siehe Abschnitt 4).

2 Häufigkeit und Ursachen von NSV

In Deutschland werden pro Jahr weit über 500 Millionen Kanülen, Katheter und Venensets im stationären Versorgungsbereich verwendet. Die Anzahl der NSV wird auf über 500.000 pro Jahr beziffert und die daraus resultierenden Kosten auf etwa 30 Millionen Euro. Darüber hinaus geht man von einer hohen Rate an Nicht-Meldungen aus [8]. Die Einschätzungen dieser Dunkelzifferrate reicht von 50 – 90% [1, 3, 4]. In einer deutschen Studie wurden 0,98 NSV pro Jahr und Mitarbeiter ermittelt [10]. In anderen Studien und Schätzungen schwanken diese Zahlen jedoch erheblich: Von einem Unfall pro Mitarbeiter innerhalb von zwei Jahren bis hin zu einer NSV pro Tag bei einem operativ tätigen Chirurgen [10, 11, 28].

Die verschiedenen Arbeitsbedingungen sowie medizinische Ausstattungen und Ausbildungen bedingen in den einzelnen Regionen dieser Welt auch unterschiedliche Risiken einer NSV. Die durchschnittliche Anzahl von NSV pro Mitarbeiter und Jahr wird für die USA mit 0,18, in Mitteleuropa mit 0,64, im südlichen Afrika mit 2,1 und in Nordafrika sowie im mittleren Osten mit 4,7 kalkuliert [15].

Betrachtet man die „NSV-Rahmenbedingungen", so zeigt eine Auswertung von 525 internationalen Publikationen, dass NSV am häufigsten in Krankenzimmern (30 – 53% je nach Studie und Land) und OPs (8 – 29% je nach Studie) auftreten. Die unsachgemäße Benutzung und die Entsorgung von scharfen und spitzen Geräten sind die beiden häufigsten Ursachen für NSV, so z.B. NSV beim Entsorgen in einen überfüllten Abwurfbehälter, der Ablage kontaminierter Nadeln in Nierenschalen, der falschen Entsorgung in Plastiksäcken oder dem Umfüllen voller Nadelabwurfbehälter oder -container [7]. Weitere Ursachen für NSV sind Verletzungen beim Nähen, bei der Blutentnahme, Verletzungen mit Bohrdraht, unruhige Patienten, Unachtsamkeit beim Trennen von spitzen Materialien, hektische Situationen sowie im Krankenbett „vergessene" Nadeln.

Während im zahnmedizinisch bzw. chirurgisch-invasiven Bereich die NSV beim medizinischen Personal überwiegend durch spitze, scharfe oder rotierende Instrumente verursacht werden, dominieren NSV durch Hohlnadeln in der stationären Pflege. Nach einer dänischen Studie bei Krankenhausärzten traten NSV mit 71% am häufigsten in chirurgischen Spezialfächern auf (6 – 8 NSV pro Person und Jahr bei Allgemein-, orthopädischen und Neurochirurgen vs. 1,3 – 3,1 NSV pro Person und Jahr bei Internisten bzw. Anästhesisten). Davon ereigneten sich 63,9% der NSV im OP durch chirurgische Instrumente und Nahtnadeln [13].

Die Auswertung einer Schweizer Studie zeigte zunächst, dass Ärzte und Krankenschwestern eine ähnliche Anzahl von NSV pro Monat aufwiesen. Bei einer vertiefenden Auswertung unter Berücksichtigung von Überstunden und Teilzeitkräften (Basis: Äquivalent der Vollzeitkraft, ÄV) konnte jedoch gezeigt werden, dass Ärzte ein fünfmal höheres NSV-Risiko als Krankenschwestern haben (11,05 pro ÄV und Jahr vs. 2,23 Äv pro Jahr) [12]. Ärzte melden NSV jedoch seltener als das nichtärztliche Personal [25]. Mögliche Gründe für dieses so genannte Underreporting sind u.a. die Einschätzung eines geringen Risikos durch die Ärzte und die Selbstversorgung von Verletzungen ohne Einbindung und Information eines Durchgangsarztes [6, 12].

3 Ausmaß der Gefährdung und Einflussfaktoren

Die potenziell mit einer Hohlraumnadel übertragbare Virusmenge ist abhängig von der Menge des übertragenen Bluts in diesen Hohlraumnadeln (im Mittel ca. 1 µl Blut in einer 22er Kanüle) und der maximalen Menge an Virus, die während einer virämischen Phase im Blut auftreten kann. Diese schwankt bei den verschiedenen Viren z.T. erheblich. Daraus folgt eine maximale Virusmenge in einer Hohlraumnadel von bis zu 1.000.000 Viren/µl Serum bei HBV (Abbildung 1), bis zu 100.000 Viren/µl Serum bei HCV und bis zu 10.000 Viren/µl Serum bei HIV.

NSV – ein globales Problem

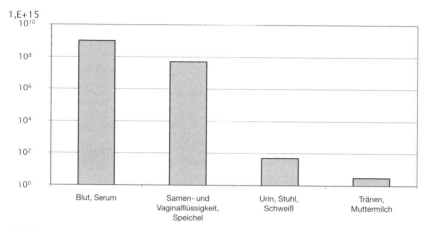

Abbildung 1: HBV-Viruskonzentration in verschiedenen Körperflüssigkeiten.

Ob eine NSV tatsächlich zu einer Infektion führt, hängt u.a. von dem Infektionsstatus des Indexpatienten (Viruslast), dem Immunstatus des Health Care Workers (HCW), aber auch von der Verletzungstiefe (Schwere der NSV), der Dauer des Kontaktes sowie dem Zeitintervall zwischen Verletzung und Reinigung, der Anwendung prophylaktischer Maßnahmen und der Übertragungswahrscheinlichkeit ab (Serokonversionsrate). Stark vereinfacht setzt sich das Infektionsrisiko zusammen aus:

Infektionsrisiko = Prävalenz x Serokonversionsrate

Bei ungeimpften Personen ohne Postexpositionsprophylaxe (PEP) liegt das Übertragungsrisiko einer Hepatitis-B-Infektion aufgrund einer NSV zwischen 6% und 100% [9, 24]. Das Übertragungsrisiko von HCV beträgt ca. 3% – 10% [5, 22], das für HIV unter 0,3% [2, 9].

4 Prävalenz NSV-relevanter Viren

4.1 Hepatitis-B-Virus (HBV)

Weltweit haben mehr als zwei Milliarden Menschen – d.h. jeder dritte Mensch – eine Hepatitis-B-Infektion durchgemacht (anti-HBc-positiv), ca. 300 – 420 Millionen Menschen, d.h. 5 – 7% der Weltbevölkerung, sind chronisch mit HBV infiziert (HBsAg-positiv). Es zeigen sich geographisch deutliche Unterschiede bezüglich der Prävalenz. Während in manchen Regionen Asiens bis über 20% der Bevölkerung HBs-Antigen-Träger (Abbildung 2) und damit potenziell infektiös sind, wird die Zahl chronischer HBs-Antigen-Träger in Deutschland auf ca. 0,4 – 0,8% beziffert (d.h. ca. 400.000 – 500.000 Personen). Schätzungsweise 5 – 8% der deutschen Bevölkerung haben eine Hepatitis-B-Infektion durchgemacht [20].

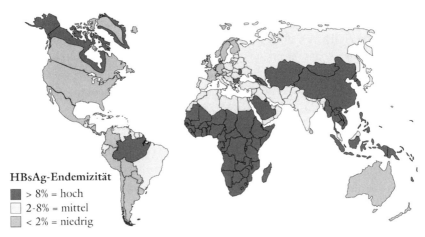

Abbildung 2: Weltweite Prävalenz der HBsAntigen-Träger [aus: Preiser, Rabenau, Doerr: Viren –Viruserkrankungen. Zett-Verlag 2002]

4.2 Hepatitis-C-Virus (HCV)

Rund 2 – 3% der Weltbevölkerung, d.h. 120 – 170 Millionen Menschen, hatten nach Schätzungen der WHO Kontakt mit HCV. Davon sind ca. 100 – 130 Millionen Menschen als chronisch infiziert einzustufen [17, 18] (vgl. Abbildung 3). In Mitteleuropa sind schätzungsweise 4 Millionen Menschen, in Ägypten bis zu 20% mit HCV infiziert. Zu den möglichen (Spät-) Folgen einer HBV- oder HCV-Erkrankung zählt die Leberzirrhose oder das hepatozelluläre Karzinom. Weltweit sind etwa 57% aller Fälle von Leberzirrhose auf Hepatitis B (30%) oder Hepatitis C (27%) zurückzuführen. Geschätzte 78% der Fälle des hepatozellulärem Karzinoms sind Folge einer Hepatitis-B- (53%) oder Hepatitis-C- (25%) Infektion. Infolge einer Hepatitis-B/C-Infektion sterben jedes Jahr weltweit eine Millionen Menschen an fulminanter Hepatitis, Leberzirrhose (n = 446.000) oder am primären hepatozellulärem Karzinom (n = 483.000) [14]. In Industrieländern sind rund 30% aller Lebertransplantationen die Folge einer HCV-Infektion. Im internationalen Vergleich weist Deutschland mit 0,4 – 0,7% eine niedrige Prävalenz von Hepatitis-C-Infektionen auf. Man geht in Deutschland von 400.000 – 500.000 Virusträgern (HCV-PCR positiv) aus.

Abbildung 3: Weltweite Prävalenz der HCV-Infizierten [aus: Preiser, Rabenau, Doerr: Viren – Viruserkrankungen. Zett-Verlag 2002].

Die HCV-Prävalenz ist abhängig vom Alter, bei den 31- bis 40-Jährigen findet man eine Durchseuchung von 0,3%, bei den 41- bis 50-Jährigen von 0,5% und bei den über 60-Jährigen von 1%.

4.3 Human-Immundefizienz-Virus (HIV)

Nach Schätzungen von UNAIDS und WHO lebten im Jahr 2006 weltweit etwa 40 Millionen Menschen (Range: 34,1 – 47,1 Millionen) mit einer HIV-Infektion oder AIDS [23]. Davon sind ca. 19,5 Millionen Männer, ca. 17,7 Millionen (Range: 15,1 – 20,9 Millionen) Frauen und etwa 2,3 Millionen (Range: 1,7 – 3,5 Millionen) Kinder unter 15 Jahren. Wenngleich die Gesamtzahl „nur" ein Zehntel bzw. ein Drittel im Vergleich zu den HBV- bzw. HCV-Trägern beträgt, ist sie – aufgrund der tödlichen Konsequenz für die Betroffenen und der rasanten Ausbreitung von HIV – erschreckend. Im Jahr 2006 kam es zu 4,3 Millionen (Range: 3,6 – 6,6 Millionen) HIV-Neuinfektionen. Mehr als 95% aller HIV-Infizierten leben in Entwicklungsländern.

Abbildung 4: Anzahl der HIV-Infizierten (Erwachsene und Kinder, Stand: Dezember 2006, Quelle: UNAIDS).

Weltweit leben zwei Drittel aller Erwachsenen und Kinder mit HIV in Afrika südlich der Sahara. Fast drei Viertel (72%) der weltweit 2,9 Millionen (Range: 2,5 – 3,5 Millionen) AIDS-Todesfälle im Jahr 2006 erfolgten dort. Insgesamt leben in Afrika südlich der Sahara schätzungsweise 24,7 Millionen (Range: 21,8 – 27,7 Millionen) Menschen, die mit HIV infiziert sind (vgl. Abbildung 4). Nach einer aktuellen Schätzung des Robert Koch-Institutes leben derzeit in Deutschland ca. 56.000 Menschen mit einer HIV-Infektion, geschätzte 2.700 Menschen haben sich im Jahr 2006 neu mit HIV infiziert [17].

5 Weltweite Folgen von Nadelstichverletzungen

Die Prävalenz der blutübertragbaren Erreger ist bei Klinikpatienten häufig deutlich höher als bei der „Normalbevölkerung" [9], dementsprechend steigt auch das potenzielle Risiko einer NSV-bedingten Infektion. Wenngleich in Deutschland – als „HBV-, HCV-, HIV-Niedrigprävalenz-Land" – die Arbeitsbedingungen aus infektionsgefährdender Sicht relativ günstig zu sein scheinen, ist die globale Situation wesentlich ungünstiger. Weltweit sind geschätzte 35 Millionen Mitarbeiter im Gesundheitswesen potenziell durch Nadelstichverletzungen gefährdet. In Deutschland waren im Jahr 2005 ca. 4,3 Millionen Menschen und damit etwa jeder neunte Beschäftigte im Gesundheitswesen tätig. Dabei handelt es sich u.a. um ca. 300.000 (7%) Ärztinnen und Ärzte, ca. 65.000 (1,5%) Zahnärztinnen und Zahnärzte sowie ca. 700.000 (16,3%) Mitarbeiter im Pflegedienst und Hebammen. Mit je 1,8 Millionen Personen arbeitete die Mehrzahl der Beschäftigten (84%) in Einrichtungen der ambulanten sowie stationären und teilstationären Gesundheitsversorgung [19] (vgl. Tabelle 1).

NSV – ein globales Problem

Tabelle 1: Mitarbeiter im Gesundheitsdienst 2005 (Angaben des Statistischen Bundesamtes, 2007).

Tätigkeit/Einrichtung	Anzahl Mitarbeiter
Insgesamt	4.264.000
Ärzte	308.000
Zahnärzte	65.000
Krankenpflege	717.000
Krankenpflege-Helfer	220.000
Arzthelfer	521.000
MTA, PTA	141.000
Ambulante Einrichtungen	1.792.000
davon: Arztpraxen	669.000
Zahnarztpraxen	338.000
(Teil)stationäre Einrichtungen	1.773.000
davon: Krankenhäuser	1.071.000
Vorsorge/Reha	156.000
Pflege	546.000
Rettungsdienste	47.000

Weltweit wird die Zahl der beruflich exponierten Mitarbeiter durch perkutane Verletzungen bezüglich HBV auf jährlich 2,1 Millionen (Range: 777.000 – 3,3 Millionen), bei HCV auf 926.000 Mitarbeiter (Range: 340.000 – 1,5 Millionen) und bei HIV auf 327.000 Mitarbeiter (Range: 61.000 – 1,3 Millionen) geschätzt. Diese Expositionen führen jährlich zu schätzungsweise 66.000 HBV-Infektionen (Range: 2.400 – 240.000 – abhängig von der HBV-Immunisierungsrate), 16.000 HCV-Infektionen (Range: 6.000 – 86.000) und 1.000 HIV-Infektionen (Range: 200 – 5.000). In Folge dieser berufsbedingten Infektionen kommt es schätzungsweise pro Jahr zu 261 frühzeitigen Todesfällen durch HBV (Range: 86 – 923), 145 frühzeitigen Todesfällen durch HCV (Range: 53 – 766) und 736 frühzeitigen Todesfällen durch HIV (Range: 129 – 3.578). Die Hälfte dieser Todesfälle ist im Sub-Sahara-Gebiet zu erwarten [15].

Betrachtet man diese Zahlen aus einer anderen Perspektive, so ergibt sich daraus, dass beruflich bedingte Infektionen 37% (Range: 18 – 65%) der HBV-Infektionen, 39% (Range: 19 – 78%) der HCV-Infektionen und 4,4% (Range: 0,8 – 18,5%) der HIV-Infektionen bei Mitarbeitern im Gesundheitswesen verursachen [15].

In Mitteleuropa kommt es aufgrund von beruflich bedingten Expositionen durch perkutane Verletzungen pro Jahr zu etwa 43.000 HBV-Expositionen (Range: 15.000 – 71.000), zu 16.000 HCV-Expositionen (Range: 5.700 – 27.000) sowie zu 9.400 HIV-Expositionen (Range: 1.700 – 46.000). Diese Expositionen führen jährlich zu geschätzten 210 HBV-Infektionen, 290 HCV-Infektionen und 6 HIV-Infektionen [15].

Demgegenüber treten in Deutschland beruflich bedingte virale Infektionen bei Mitarbeitern des Gesundheitsdienstes nur selten auf bzw. werden als solche nur in begrenztem Maße erkannt respektive als Berufskrankheit anerkannt. Im Jahr 2005 wurden 119 berufsbedingte HCV-Infektionen und 40 HBV-Infektionen durch die Berufsgenossenschaft für Gesundheitsdienst und Wohlfahrtspflege (BGW) anerkannt. Bislang sind 44 HIV-Infektionen als Berufserkrankung anerkannt worden.

6 Schlussfolgerungen

Nadelstichverletzungen stellen nicht nur in so genannten Entwicklungs- und Schwellenländern ein ernstzunehmendes Problem dar, sondern auch in vermeintlich hoch entwickelten Ländern. Daher sollten vielfältige Anstrengungen unternommen werden (z.B. geeignete Abwurfbehälter, sichere Instrumente, persönliche Schutzausrüstung, Impfungen sowie organisatorische Maßnahmen), um die Rate von blutübertragbaren Infektionen durch NSV zu verringern. Die geänderte TRBA 250 (2006) mit der Forderung nach sicheren Instrumenten ist hierbei sicherlich ein viel versprechender Weg um die Arbeitssicherheit der Mitarbeiter im Gesundheitswesen zu erhöhen [21, 26, 27].

7 Literatur

[1] Berger D, Kirchner, G, Labenz L (2000) Bagatellverletzungen und Infektionsrisiko. In: Hofmann, Reschauer, Stößel (Hrsg): Arbeitsmedizin im Gesundheitswesen; 13: 147-154, Edition FFAS, Freiburg/Breisgau

[2] Cardo DM, Culver DH, Ciesielski CA, Srivastava PU, Marcus R, Abiteboul D, Heptonstall J, Ippolito G, Lot F, McKibben PS, Bell DM (1997) A case-controll study of HIV seroconversion in health care workers after percutaneous exposure. N Engl J Med 337: 1542-1543

[3] Gerberding JL (2003) Occupational exposure to HIV in health care settings. New Engl J Med 348: 826-833

[4] Graf-Deuel E, Germann D, Martens A et al. (2001) Einschätzung des unfallbedingten Infektionsrisikos durch HBV, HCV und HIV beim Personal des Kantonsspitals St. Gallen unter spezieller Berücksichtigung präventiver Maßnahmen. In: Hofmann, Reschauer, Stößel (Hrsg): Arbeitsmedizin im Gesundheitswesen; 14: 91-99, Edition FFAS, Freiburg/Breisgau

[5] Hanrahan A, Reutter L (1997) A critical review of the literature on sharps injuries: epidemiology, management of exposures and preventions J Adv Nus 1: 144-154

[6] Haiduven DJ, Simpkins SM, Phillips ES, Stevens DA (1999) A survey of percutaneous/mucocutaneous injury reporting in a public teaching hospital. J Hosp Infect 2: 151-154

[7] HVBG (Hauptverband der gewerblichen Berufsgenossenschaften) (2006) Wirksamkeit und Wirtschaftlichkeit präventiver Maßnahmen zur Vermeidung von NSV bei Beschäftigten in Gesundheitsberufen: Bericht des HVBG (*www.hvbg.de/bgia*, Webcode: 1961356)

[8] Hofmann F, Kralj N, Beie M (2002) Kanülenstichverletzungen im Gesundheitsdienst – Häufigkeit, Ursachen und Präventionsstrategien. Gesundheitswesen 64: 259-266

[9] Hofmann F, Wittmann A, Kralj N, Schroebler S, Gasthaus K (2006) Immunologischer und Sicherheitstechnischer Schutz vor HBV-, HCV- und HIV-Virusinfektionen. Anästh Intensivmed 47: S37-S66

[10] Kralj N (2002) Nadelstichverletzungen im Gesundheitsdienst: Vorkommen, Folgen und Vorbeugung. Zahnärztliche Mitteilungen 19: 34-36

[11] Kralj, N (2003) Durch Blutkontakte übertragene Infektionserreger bei Beschäftigten im Gesundheitsdienst – HBV, HCV und HIV. Vortrag auf dem BVMed-Workshop am 16.11.2003, Frankfurt/Main

[12] Luthi JC, Dubois-Arber F, Iten A, Maziero A, Colombo C, Jost J (1998) The occurrence of percutaneous injuries to health care workers: a cross sectional survey in seven Swiss hospitals. Schweiz Med Wochenschrift 128: 536-543

[13] Nelsing S, Nielsen TL, Nielsen JO (1997) Percutaneous blood exposure among Danish doctors: exposure mechanisms and strategies for prevention. Eur J Epidemiol 13: 387-393

[14] Perz JF, Armstrong L, Farrington I et al. (2006) The contributions of hepatitis B virus and hepatitis C virus infections to cirrhosis and primary liver cancer worldwide. J Hepatol 45(4): 529-538

[15] Prüss-Üstün A, Rapiti E, Hutin Y (2005) Estimation of the Global burden of Disease attributable to contaminated sharps injuries among health-care workers. Am J Ind Med 48: 482-490

[16] Rabenau HF (2006) Ärzte und medizinisches Personal als Infektionsträger. Krankenhaushygiene & Infektionsverhütung 28(1): 3, 4-9

[17] RKI (2006) Epidemiologisches Bulletin 46/2006: 399-407

[18] RKI (2006) Pressemitteilung: www.rki.de/cln_049/nn_196014/DE/Content/Service/Presse

[19] Statistisches Bundesamt (2007) www.destatis.de/basis/d/gesu/gesutab1.php

[20] Thierfelder W, Hellenbrand W, Meisel H, Schreier E, Dortschy R (2001) Prevalence of markers for hepatitis A, B and C in the German population. Results of the German National Health Interview and Examination Survey 1998. Europ J Epidemiol 17: 429-435

[21] TRBA 250 (2006) Technische Regel für Biologische Arbeitsstoffe: Biologische Arbeitsstoffe im Gesundheitswesen und in der Wohlfahrtspflege. BArbBl 7: 193

[22] Trim JC, Elliot TS (2003) A review of sharps injuries and preventative strategies. J Hosp Infect 53: 237-242. doi: 10.1053/jhin.2002.1378

[23] UNAIDS (2007) www.unaids.org/en/HIV_data/Epidemiology/epi_slides.asp

[24] Wicker S (2006) Umgang mit infektiösen Beschäftigten – Aufgaben des Betriebsarztes. Krh.-Hyg. + Inf.verh. 28: 16-20

[25] Wicker S, Jung J, Allwinn R, Gottschalk R, Rabenau HF (2007) Prevalence and prevention of needlestick injuries among health care workers in a German university hospital. Int Arch Occup Environ Health (im Druck)

[26] Wicker S, Rabenau HF (2007) Nadelstichverletzungen bei Mitarbeitern im Gesundheitswesen: Berufsrisiko oder vermeidbare Infektionsgefährdung? Krh.-Hyg. + Inf.verh. 29(3): 86-90

[27] Wicker S, Allwinn R, Gottschalk R, Rabenau HF (2007) Häufigkeit von Nadelstichverletzungen in einem deutschen Universitätsklinikum: Ein Vergleich zweier unabhängiger Datenerhebungen. Zbl. Arbeitsmedizin 57: 42-49

[28] Wittmann, A (2003) Sicherheitstechnische Maßnahmen zur Vermeidung von Nadelstichverletzungen. Vortrag auf dem BVMed-Workshop am 16.11.2003 in Frankfurt/Main

Gefährdungsbeurteilung von Nadelstichverletzungen – eine Studie der Universitätsklinik Frankfurt

SABINE WICKER, HOLGER F. RABENAU

Zusammenfassung

Nadelstichverletzungen (NSV) stellen für die Betroffenen eine ernstzunehmende Gefährdung gegenüber blutübertragbaren Infektionen wie z.B. Hepatitis B (HBV), Hepatitis C (HCV) und HIV dar. Nadelstichverletzungen können durch die Verwendung sicherer Produkte vermieden werden.

Ziel unserer Studie war die Erhebung der Häufigkeit und Ursachen von Nadelstichverletzungen am Universitätsklinikum Frankfurt am Main. Wir ermittelten den Anteil von Nadelstichverletzungen, die durch die Verwendung von sicheren Produkten hätten vermieden werden können.

Innerhalb der letzten zwölf Monate hatten 31,4% (n = 226) der Befragten mindestens eine Nadelstichverletzung erlitten. Dabei fanden sich große Unterschiede innerhalb der unterschiedlichen Fachrichtungen: 46,9% (n = 91/194) der befragten Mitarbeiter der Chirurgie gaben mindestens eine Nadelstichverletzung an, wohingegen nur 18,7% (n = 53/283) der Beschäftigten der Kinderklinik eine Nadelstichverletzung aufwiesen.

Betrachtet man die einzelnen Berufsgruppen, hatten die Ärzte insgesamt das höchste Risiko einer Nadelstichverletzung, 55,8% der befragten Ärzte (n = 129/231) gaben mindestens eine Nadelstichverletzung innerhalb der letzten zwölf Monate an.

Durchschnittlich 36,4% (n = 204/561) der Nadelstichverletzungen hätten durch die Verwendung von sicheren Produkten vermieden werden können. Betrachtet man den Anteil der vermeidbaren Nadelstichverletzungen, zeigt sich ein signifikanter Unterschied innerhalb der einzelnen Fachdisziplinen: Pädiatrie (82,6%), Gynäkologie (81,4%), Anästhesie (53,7%), Dermatologie (41,7%) und Chirurgie (14,6%).

Zahlreiche unabhängige Studien haben den Nutzen von sicheren Instrumenten belegt. Die Einführung sicherer Produkte wird zu einer Verbesserung des Arbeits- und Gesundheitsschutzes der medizinischen Beschäftigten führen und damit auch zu einem verbesserten Schutz der Patienten.

1 Einführung

Beschäftigte im Gesundheitswesen sind durch Nadelstich- und Schnittverletzung einer Infektionsgefährdung gegenüber blutübertragbaren Infektionen wie z.B. Hepatitis B (HBV), Hepatitis C (HCV) und dem Humanen Immundefizienz Virus (HIV) ausgesetzt. In Deutschland kommt es jedes Jahr zu mehr als 500.000 Nadelstichverletzungen [9, 14]. Weltweit kommt es durch beruflich bedingte Expositionen durch perkutane Verletzungen jährlich zu über 65.000 HBV-Infektionen, über 15.000 HCV-Infektionen und schätzungsweise 1.000 HIV-Infektionen [17]. Diese Infektionen finden hauptsächlich in Entwicklungsländern statt. In Deutschland wurden bisher 44 HIV/AIDS-Erkrankungen bei Beschäftigten im Gesundheitswesen als Berufserkrankung anerkannt [11].

Trotz des mitunter nicht unerheblichen Infektionsrisikos werden Nadelstichverletzungen nur selten gemeldet. Der Anteil dieses so genannten Underreporting wird auf 26% bis 90% geschätzt [3, 12, 18, 25]. Die Ursachen dieser Meldedefizite sind vielfältig und erschweren die Abschätzung der Inzidenzrate von Nadelstichverletzungen.

Ziel dieser Studie war die Erhebung der Häufigkeit und Ursachen von Nadelstichverletzungen an einem deutschen Universitätsklinikum. Wir ermittelten den Anteil von Nadelstichverletzungen, die durch die Verwendung von sicheren Produkten hätten vermieden werden können.

2 Methoden

Das Universitätsklinikum Frankfurt am Main ist ein Klinikum der unabdingbaren Notfallversorgung mit 4.080 Mitarbeiter (1.365 Männer – 33,5%; 2.715 Frauen – 66,5%) und zwölf Fachkliniken. Jährlich werden im Universitätsklinikum ca. 1,8 Millionen Kanülen verwendet. Dabei handelt es sich u.a. um ca. 160.000 Venenverweilkanülen und knapp 300.000 Blutentnahmekanülen.

In fünf repräsentativen Kliniken wurde im Jahr 2006 eine Fragebogenerhebung bezüglich Nadelstichverletzungen durchgeführt: Zentrum der Anästhesie, Zentrum der Chirurgie, Zentrum der Dermatologie, Zentrum der Gynäkologie und Zentrum der Kinder- und Jugendmedizin. In diesen fünf Zentren sind insgesamt 919 Beschäftigte mit Kontakt zu Patienten bzw. Untersuchungsproben eingesetzt. Es handelt sich hierbei um 327 (35,6%) Ärzte, 537 (58,4%) Mitarbeiter im Pflegedienst, 39 (4,3%) Reinigungskräfte und 16 (1,7%) Mitarbeiter in der Labordiagnostik. Insgesamt 720 Beschäftigte (78,3%) nahmen an der Befragung teil. Das ärztliche Personal sowie das Laborpersonal wurden im Rahmen der regelmäßig stattfindenden Besprechungen durch den Betriebsärztlichen Dienst über die Art der Erhebung in Kenntnis gesetzt. Das Pflege- und Reinigungspersonal wurde von den jeweiligen Gruppenleitungen über die Fragebogenerhebung informiert. Die Mitarbeiter erhielten einen Fragebogen mit einer kurzen Einleitung über das Gefährdungspotenzial von Nadelstichverletzungen. Der Fragebogen enthielt 15 Items und eine offene Frage bezüglich Anregungen und Anmerkungen zu NSV.

Im Rahmen des Fragebogens wurde die Anzahl der NSV innerhalb der letzten zwölf Monate, die Art der invasiven Tätigkeit, bei der die NSV passierte, das Arbeitsmittel, an dem sich der Mitarbeiter verletzte, das Meldeverhalten und die Berufsgruppe erfragt.

3 Definition von NSV und deren Vermeidbarkeit

Im Rahmen dieser Studie wurde NSV definiert als jegliche Stich-, Schnitt- und Kratzverletzungen der Haut durch Kanülen, Skalpelle etc., die mit Patientenmaterial verunreinigt waren, unabhängig davon, ob die Wunde geblutet hat oder nicht – einschließlich des direkten Kontakts mit der Schleimhaut von Mund, Nase und Augen.

Bei der Bewertung, ob eine NSV durch den Einsatz sicherer Instrumente vermeidbar gewesen wäre, wurde nachfolgende Gruppierung verwendet. Als „nicht vermeidbare" NSV wurden bewertet: Plötzliche Bewegung, Nähen, Schnittverletzung im OP, Biopsien. Als „vielleicht vermeidbar" wurde das Übergeben von Arbeitsmitteln eingestuft, während als „vermeidbar" NSV während der Entsorgung, NSV durch herumliegende Gegenstände, Recapping, das Herausziehen aus der Vene, Herausragen aus Entsorgungsbehälter oder das Entsorgen von Müll eingeordnet wurden.

4 Ergebnisse

Von insgesamt 919 Mitarbeitern aus den befragten fünf Fachkliniken, nahmen 720 Beschäftigte (78,3%) an der Befragung teil. Der Fragebogenrücklauf der Ärzte lag bei 71,6% (n = 234/327), der des Pflegepersonals bei 76,4% (n = 410/537), der des Reinigungspersonals bei 100% (n = 39/39), der der Mitarbeiter aus der Labordiagnostik bei 75% (n = 12/16). Darüber hinaus nahmen 25 Beschäftigte aus anderen Berufsgruppen an der Befragung teil.

Innerhalb der letzten zwölf Monate hatten 226 (31,4%) der Befragten (n = 720) mindestens eine Nadelstichverletzung erlitten. Insgesamt 561 NSV wurden im Rahmen der Fragebogenerhebung angegeben (Range: 1 – 55 NSV/12 Monaten).

Gefährdungsbeurteilung von NSV

Es fanden sich große Unterschiede innerhalb der unterschiedlichen Fachrichtungen: Im Zentrum für Chirurgie gaben 46,9% der befragten Mitarbeiter (n = 91/194) mindestens eine Nadelstichverletzung an, im Zentrum für Dermatologie hatten 39,7% (n = 23/58) der Mitarbeiter eine NSV erlitten, im Zentrum der Anästhesie 32,3% (n = 32/99), im Zentrum für Gynäkologie 31,4% (n = 27/86), wohingegen lediglich 18,7% der befragten Mitarbeiter der Kinderklinik (n = 53/283) eine Nadelstichverletzung aufwiesen. Innerhalb der einzelnen Fachbereiche zeigten sich unterschiedliche Unfallschwerpunkte. Sowohl die Mitarbeiter der Chirurgie als auch der Dermatologie verletzten sich primär beim Nähen im Rahmen von operativen Tätigkeiten, wohingegen die Mitarbeiter der Gynäkologie die höchste Rate von NSV bei der venösen Blutabnahme aufwiesen. Der Unfallschwerpunkt in der Pädiatrie lag bei der kapillären Blutentnahme (Abbildung 1).

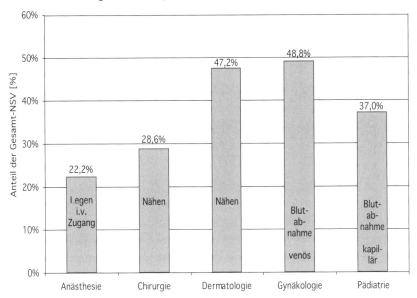

Abbildung 1: Unfallschwerpunkte von NSV innerhalb der einzelnen Fachgebiete.

Gefährdungsbeurteilung von NSV

Betrachtet man die einzelnen Berufsgruppen, hatten Ärzte das höchste NSV-Risiko. Insgesamt 55,8% der befragten Ärzte (n = 129/231) gaben mindestens eine NSV innerhalb der letzten zwölf Monate an, gefolgt von den Mitarbeitern aus dem Pflegedienst mit 22% NSV (n = 90/410).
Nur 28,7% der betroffen Mitarbeiter hatten alle NSV gemeldet. Innerhalb der einzelnen Berufsgruppen zeigten die Ärzte das schlechteste Meldeverhalten, nur 20,4% der betroffenen Ärzte hatten alle NSV gemeldet, 50% meldeten nie und 29,6% der Ärzte meldeten gelegentlich NSV. Die Mitarbeiter des Pflegedienstes meldeten in 40% alle stattgehabten NSV; 50,9% meldeten keine NSV und 9,1% meldeten gelegentlich (Abbildung 2).

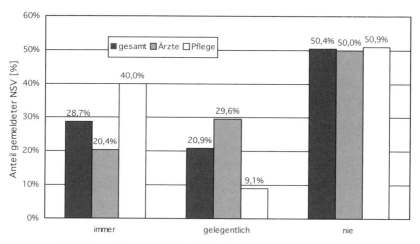

Abbildung 2: Meldeverhalten von NSV nach Berufsgruppen.

Durch die flächendeckende Verwendung von sicheren Produkten hätten durchschnittlich 36,4% (n = 204/561) der NSV vermieden werden können, darüber hinaus wären 26,9% (n = 151/561) der NSV durch die Einführung von Sicherheitssystemen vielleicht vermeidbar gewesen. Nicht vermeidbar gewesen wären 36,7% (n = 206/561) der NSV (Abbildung 3).

Bei der Betrachtung des Anteils der vermeidbaren Nadelstichverletzungen zeigte sich allerdings ein signifikanter Unterschied innerhalb der einzelnen Fachdisziplinen. In der Pädiatrie hätten durch die konsequente Umstellung auf sichere Instrumente 82,6% der NSV, in der Gynäkologie 81,4% der NSV, in der Anästhesie 53,7% sowie in der Dermatologie 41,7% vermieden werden können. Hingegen wären in der Chirurgie lediglich 14,6% der NSV sicher vermeidbar, 41,1% vielleicht vermeidbar, jedoch 44,3% (zum jetzigen Zeitpunkt durch sichere Instrumente) nicht vermeidbar gewesen.

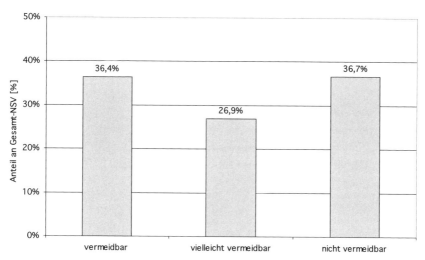

Abbildung 3: Vermeidbarkeit von NSV durch sichere Instrumente im Gesamtkollektiv (Anästhesie, Chirurgie, Dermatologie, Gynäkologie und Pädiatrie) der Frankfurter Nadelstichstudie.

5 Diskussion

Nadelstichverletzungen bedeuten für die Betroffenen eine nicht unerhebliche Infektionsgefährdung für die blutübertragbaren Erreger HBV, HCV und HIV. Selbst kleinste NSV bergen ein Infektionsrisiko [1, 10, 16, 19-21].

Trotz des wachsenden Bewusstseins für die Risiken blutübertragbarer Infektionen nimmt die Anzahl der NSV bei den Mitarbeitern im Gesundheitswesen keineswegs ab. Die Frankfurter Nadelstichstudie beleuchtet Faktoren, anhand derer geprüft werden sollte, ob Sicherheitsprodukte ein sinnvolles Instrument sind, um die Anzahl von NSV zu reduzieren.

In der Frankfurter Nadelstichstudie hätten durchschnittlich 36,4% der NSV durch die Verwendung von sicheren Produkten vermieden werden können. Bei der Betrachtung des Anteils der vermeidbaren Nadelstichverletzungen zeigte sich ein signifikanter Unterschied innerhalb der einzelnen Fachdisziplinen. In der Pädiatrie hätten durch die konsequente Umstellung auf sichere Instrumente 82,6% der NSV und in der Gynäkologie 81,4% der NSV vermieden werden können, wohingegen in der Chirurgie lediglich 14,6% der NSV sicher vermeidbar gewesen wären. Die Ursache hierfür liegt darin begründet, dass zum jetzigen Zeitpunkt noch nicht für alle invasiven Tätigkeiten adäquate Sicherheitsinstrumente zur Verfügung stehen. Selbstaktivierende Sicherheitssysteme (hier aktiviert sich der Sicherheitsmechanismus automatisch ohne Zutun des Anwenders) sind empfehlenswert, jedoch nicht für alle Anwendungsbereiche erhältlich (Abbildung 4).

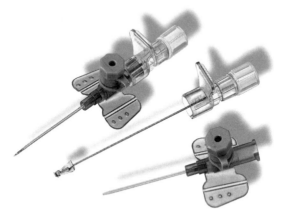

Abbildung 4: Sicherheitsvenenverweilkanüle (Foto: B. Braun Melsungen AG).

Darüber hinaus existieren sichere Instrumente, bei denen der Schutzmechanismus bewusst durch den Anwender aktiviert werden muss (z.B.

Klappmechanismus einer Kanülenschutzkappe sowie Spritzen oder Blutentnahmesysteme mit automatischem Kanüleneinzug). Auch diese Instrumente bieten einen zuverlässigen Schutz, sobald der Sicherheitsmechanismus entsprechend aktiviert wurde (Abbildung 5 und 6).

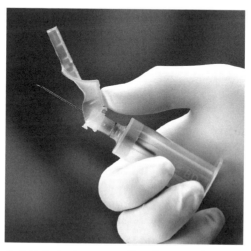

Abbildung 5: Sicherheitsblutentnahmesystem (Foto: Becton Dickinson GmbH, Heidelberg).

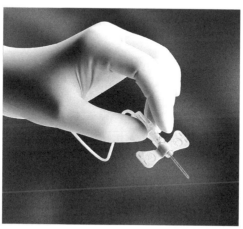

Abbildung 6: Sicherheitsbutterflykanüle (Foto: Becton Dickinson GmbH, Heidelberg).

Um den Schutz der Beschäftigten sicher zu gewährleisten, sollten die Sicherheitsprodukte den Kriterien der NIOSH (National Institute for Occupational Safety and Health) und der TRBA 250 entsprechen. Gemäß der TRBA 250 muss der Sicherheitsmechanismus dieser Instrumente durch ein hör- oder fühlbares Signal gekennzeichnet sein. Ein erneuter Gebrauch von bereits benutzten Instrumenten ist aufgrund des Sicherheitsmechanismus nicht möglich. Die Auslösung des Sicherheitsmechanismus muss einhändig und sofort nach dem Gebrauch erfolgen können. Das Sicherheitsprodukt sollte keine Änderung der Anwendungstechnik erfordern, und die Auswahl der sicheren Arbeitsgeräte sollte unter dem Gesichtspunkt der Handhabbarkeit und Akzeptanz der Beschäftigten erfolgen. Die Beschäftigten müssen in der Handhabung der sicheren Instrumente unterwiesen werden [24].

Die durch die TRBA 250 geforderte Einführung sicherer Instrumente wird zu einer Verbesserung des Arbeits- und Gesundheitsschutzes der Beschäftigten führen und nachhaltige Effekte in der Prävention von NSV zeigen. Dies belegen sowohl die in unserer Studie erhobenen Daten als auch ähnliche Publikationen in nationalem und internationalem Umfeld [4, 14, 23, 26]. In einem französischen Krankenhaus und ebenso in einer amerikanischen Studie hätten schätzungsweise 90% der NSV vermieden werden können, wenn Arbeitsmittel mit integrierten Sicherheitsvorrichtungen verwendet worden wären [2, 8].

In Gegensatz zu anderen Studien weisen in der Frankfurter Nadelstichstudie Ärzte die höchste Rate von NSV auf, Pflegepersonal ist hingegen in anderen Erhebungen oftmals die am häufigsten betroffene Berufsgruppe [5]. Es finden sich jedoch auch Studien, die eine ähnliche Anzahl von NSV bei Ärzten und Pflegepersonal beschreiben. Dieses Phänomen zeigt sich stets dann, wenn die Gesamtarbeitszeit in die Betrachtung miteinbezogen wird. Korreliert man die Anzahl der NSV mit der Arbeitszeit, haben Ärzte ein bis zu fünffach erhöhtes Risiko einer NSV im Vergleich zu Mitarbeiter des Pflegedienstes [13].

Das Meldeverhalten der Beschäftigten ist unbefriedigend. Nur 28,7% der befragten und betroffenen Mitarbeiter meldeten alle NSV. Die Meldedefizite sind beim ärztlichen Personal größer als beim Pflegepersonal. Vergleicht man die Anzahl der NSV dieser anonymen Fragebogenerhebung (n = 561) mit der Anzahl der bei der Unfallkasse Hessen (zuständiger Unfallversicherungsträger) eingehenden NSV-Meldungen, zeigt sich ein signifikantes Meldedefizit. Nur etwa 25% der in der anonymisierten Fragebogenerhebung angegebenen NSV wurden auch der Unfallkasse Hessen gemeldet [29].

Eine Untersuchung einer amerikanischen Klinik zeigte ähnlich schlechte Melderaten. Hier meldeten 20% der Ärzte und 55% der Mitarbeiter des Pflegedienstes erlittene NSV [6]. In einer japanischen Klinik fanden sich Melderaten von 33,3% [22].

Es ist dringend erforderlich, die Mitarbeiter des Gesundheitswesens vor NSV und blutübertragbaren Infektionen zu schützen [28, 30, 31]. Zielführende und angemessene Veränderungen des Arbeitsablaufes, der Arbeitsgeräte sowie individuelle Mitarbeiterschulungen können nachhaltige Effekte in der Prävention zeigen. Langfristig erfolgversprechend ist in diesem Kontext jedoch nur die flächendeckende Einführung der sicheren Instrumente. Das Nebeneinander von konventionellen Produkten und Sicherheitsprodukten ist im Sinne des Arbeitsschutzes nicht zielführend, da die parallele Verwendung von diesen Instrumenten hinsichtlich Praktikabilität, Schulungsbedarf sowie Organisation schwierig ist. Die unter Umständen leicht geänderte Punktionstechnik könnte aufgrund des Wechsels des Einsatzortes innerhalb eines Klinikums (z.B. im Rahmen von Bereitschaftsdiensten) zu einem Akzeptanzproblem der sicheren Instrumente seitens der Mitarbeiter führen. Die Erhebung der Risiken und Gefährdungen von NSV müssen zwar bereichs- und tätigkeitsbezogen erfolgen, eine Risikominimierung ist jedoch nur durch ein einheitliches Procedere bzgl. der Meldung von NSV und der flächendeckenden Einführung der sicheren Instrumente zu erreichen.

Gefährdungsbeurteilung von NSV

Gleichzeitig ist davon auszugehen, dass sich bei flächendeckendem Einsatz sicherer Instrumente deren Einkaufspreise denen konventioneller Instrumente angleichen werden. Es ist zu hoffen, dass die derzeit noch in die Diskussion gebrachten Argumente der „Mehrkosten" schon bald hinfällig sein werden.

6 Literatur

[1] Cardo DM, Culver DH, Ciesielski CA, Srivastava PU, Marcus R, Abiteboul D, Heptonstall J, Ippolito G, Lot F, McKibben PS, Bell DM (1997) A case-controll study of HIV seroconversion in health care workers after percutaneous exposure. N Engl J Med 337: 1542-1543

[2] CDC Prevention of NSI in healthcare workers: 27 month experience with a resheathable safety winged steel needle using CDC Nash database [4° Decennial International Conference of Nosocomial and Healthcare Associated infections; Atlanta, Georgia, March 5-9, 2000

[3] Cooley C, Gabriel J (2004) Reducing the risks of sharps injuries in health professionals. Nurs Times 26: 28-29

[4] Cullen BL, Genasi F, Symington I, Bagg, J, McCreaddie M, Taylor A, Henry M, Hutchinson SJ, Goldberg DJ (2006) Potential for reported needlestick injury prevention among healthcare workers through safety device usage and improvement of guideline adherence: expert panel assessment. J Hosp Infect 63: 445-451. doi: 10.1016/j.jhin.2006.04.008

[5] Ferreiro RB, Sepkowitz KA (2002) Management of needlestick injuries. Clin Obstet Gynecol 44: 276-288

[6] Haiduven DJ, Simpkins SM, Phillips ES, Stevens DA (1999) A survey of percutaneous/mucocutaneous injury reporting in a public teaching hospital. J Hosp Infect 2: 151-154

[7] Hanrahan A, Reutter L (1997) A critical review of the literature on sharps injuries: epidemiology, management of exposures and preventions J Adv Nus 1: 144-154

[8] HCL Hospital Civils de Lyon (1999) Les Accidents d´exposition au sang aux HCL en 1998 Le journal des Hospices de Lyon 91: 4e trimestre1999

[9] Hofmann F, Kralj N, Beie M (2002) Kanülenstichverletzungen im Gesundheitsdienst – Häufigkeit, Ursachen und Präventionsstrategien. Gesundheitswesen 64: 259-266

[10] Hofmann F, Wittmann A, Kralj N, Schroebler, Gasthaus K (2006) Immunologischer und Sicherheitstechnischer Schutz vor HBV-, HCV- und HIV-Virusinfektionen. Anästh Intensivmed 47: S37-S66

[11] Jarke J, Marcus U (2002) Berufsbedingte HIV-Infektionen bei medizinischem Personal. Arbeitsmed Sozialmed Umweltmed 37: 218-231

[12] Lee JM, Botteman MF, Xanthos N, Nicklasson L (2005) Needlestick injuries in the United States. Epidemiologic, economic, and quality of life issues. AAOHN J 53(3): 117-133

[13] Luthi JC, Dubois-Arber F, Iten, Maziero A, Colombo C, Jost J (1998) The occurrence of percutaneous injuries to health care workers: a cross sectional survey in seven Swiss hospitals. Schweiz Med Wochenschrift 128: 536-543

[14] Müller-Barthelm R, Buchholz L, Nübling M, Häberle E (2006) Qualitätssicherung bei Nadelschutztechniken. Arbeitsmed Sozialmed Umweltmed 41: 210-217

[15] National Institute for Occupational Safety and Health (2000) NIOSH releases guidelines on preventing needlesticks. AIDS Alert 15(1): 1-2

[16] Pellissier G, Miguéres B, Tarantola A, Abiteboul D, Lolom I, Bouvet E, the Geres Group (2006) Risk of needlestick injuries by injection pens. J Hosp Infect 63: 60-64. doi: 10.1016/j.jhin.2005.12.2006

[17] Prüss-Üstün A, Rapiti E, Hutin Y (2005) Estimation of the Global burden of Disease attributable to contaminated sharps injuries among health-care workers. Am J Ind Med 48: 482-490. doi: 10.1002/ajim.20230

[18] Rogers B, Goodno L (2000) Evaluation of interventions to prevent needlestick injuries in health care occupations. Am J Prev Med 18: 90-98

[19] Saberifiroozi M, Gholamzadeh S, Serati AR (2006) The long-term immunity among health care workers vaccinated against hepatitis B virus in a large referral hospital in southern Iran. Arch Iran Med 9(3): 204-207

[20] Sadoh WE, Fawole AO, Sadoh AE, Oladimeji AO, Sotiloye OS (2006) Practice of universal precautions among health care workers. J Natl Med Assos 98(5): 722-726

[21] Smith DR, Mihashi M, Adachi Y, Nakashima Y, Ishitake T (2006) Epidemiology of needlestick and sharps injuries among nurses in a Japanese teaching hospital. J Hosp Infect 64: 44-49. doi: 10.1016/j.jhin.2006.03.021

[22] Smith DR, Wei N, Zhang YJ, Wang RS (2006) Needlestick and sharps injuries among a cross-section of physicians in Mainland China. Am J Ind Med 49: 169-174

[23] Suzuki R, Kimura S, Shintani Y, Uccida M, Morisawa Y, Okuzumi K, Yoshida A, Suganoy Y, Moriya K, Koike K (2006) The efficacy of saftey winged steel needles on needlsestick injuries. Kansenshogaku Zasshi 80: 39-45

[24] TRBA 250 (2006) Technische Regel für Biologische Arbeitsstoffe: Biologische Arbeitsstoffe im Gesundheitswesen und in der Wohlfahrtspflege. BArbBl 7: 193

[25] Trim JC, Elliot TS (2003) A review of sharps injuries and preventative strategies. J Hosp Infect 53: 237-242. doi: 10.1053/jhin.2002.1378

[26] Visser L (2006) Toronto hospital reduces sharp injuries by 80%, elimates blood collected injuries. A case study: Toronto East General Hospital pioneers healthcare worker safety. Healthc Q 9: 68-70

[27] Wicker S (2006) Umgang mit infektiösen Beschäftigten – Aufgaben des Betriebsarztes. Krh.-Hyg. + Inf.verh. 28: 16-20

[28] Wicker S, Rabenau HF, Gottschalk R, Doerr HW, Allwinn R (2007) Seroprevalence of vaccine preventable and blood transmissible viral infections (measles, mumps, rubella, polio, HBV, HCV and HIV) in medical students. Med Microbiol Immunol DOI: 10.1007/s00430-007-0036-3

[29] Wicker S, Allwinn R, Gottschalk R, Rabenau HF (2007) Häufigkeit von Nadelstichverletzungen in einem deutschen Universitätsklinikum: Ein Vergleich zweier unabhängiger Datenerhebungen. Zbl. Arbeitsmedizin 57: 42-49

[30] Wicker S, Rabenau HF (2007) Berufsbedingt gefährdet: Die unterschätzte Gefahr von Nadelstich- und Schnittverletzungen. DZKF 3/4

[31] Wittmann A (2005) Verletzungen an spitzen und /oder scharfen Gegenständen im Gesundheitsdienst – Ein Beitrag zur Abschätzung der Risiken. edition FFAS

Nadelstichverletzungen – eine Übersicht

ANDREAS WITTMANN, FRIEDRICH HOFMANN, NENAD KRALJ

1 Einführung

Als Nadelstichverletzungen (NSV) bezeichnet man alle Arten von Verletzungen der Haut (z.b. Schnitte, Stiche oder Hautabschürfungen) die durch spitze und/oder scharfe Gegenstände, die mit Blut oder anderen Körperflüssigkeiten verunreinigt waren oder sein könnten, hervorgerufen werden. Nicht als NSV bezeichnet man eine derartige Verletzung mit sterilen Gegenständen oder Materialien bzw. solchen Instrumenten, die nicht mit potenziell infektiösem Material verunreinigt sind. Eine Sonderform der NSV stellen Verletzungen an Hohlnadeln dar, so genannte Kanülenstichverletzungen (KSV).

Exponiert sein können die meisten im Gesundheitswesen Beschäftigten (Ende des Jahres 2002 in Deutschland über 4,17 Millionen Personen). Darunter waren 301.000 Ärzte, 64.000 Zahnärzte, 705.000 Krankenschwestern und Hebammen, 503.000 Arzt- bzw. Zahnarzthelfer, 229.000 Helfer in der Krankenpflege und 96.000 medizinisch technische Assistenten [1]. Das Infektionsrisiko ist in diesen Berufsgruppen trotz aller Fortschritte der Medizin nach wie vor sehr groß. Die Nadelstichverletzung zählt zu den wichtigsten Ursachen für Infektionen im Gesundheitsdienst [2].

In den Gesundheitseinrichtungen wird aber auch zusätzlich nichtmedizinisches Personal beschäftigt. Dazu zählen zum Beispiel Reinigungspersonal, Hilfspersonal (wie Zivildienstleistende, Praktikanten), Auszubildende und Sicherheitspersonal. Auch diese Beschäftigten sind der höheren Infektionsgefährdung (auch durch Nadelstichverletzung, z.B. in Form einer so genannten „Müllsackverletzung") in den Einrichtungen des Gesundheitsdienstes ausgesetzt.

Besondere Gefahren auf Grund von NSV/KSV ergeben sich durch Infektionen mit

- Hepatitis-B-Virus (HBV),
- Hepatitis-C-Virus (HCV) und
- Humanem Immundefizienz-Virus (HIV).

2 Prävalenz der wichtigsten Infektionserreger

2.1 Hepatitis-B-Virus (HBV)

Hepatitis B ist die häufigste Virushepatitis weltweit. Die chronische HBV-Infektion ist die wichtigste virale Infektion und stellt damit ein großes Gesundheitsproblem dar. Mehr als 350 Millionen Menschen sind chronisch infiziert. Noch sterben jedes Jahr annähernd 2 Millionen Menschen an den direkten Folgen der HBV-Infektion, darunter mehr als eine halbe Million an einem Leberkarzinom [3].

In Deutschland zeigen etwa 8% der Bevölkerung Marker einer HBV-Infektion, ca. 0,6% (bezogen auf die Bevölkerung) von ihnen sind chronische Virusträger und können das Virus übertragen [4].

2.2 Hepatitis-C-Virus (HCV)

Die Hepatitis C ist eine der Infektionskrankheiten, die in der Akutphase aufgrund des meist symptomlosen oder symptomarmen Verlaufes oftmals nicht diagnostiziert werden kann [5]. Die Erkrankung wird nach einer Inkubationszeit von drei bis zwölf Wochen in vielen Fällen vom Betroffenen gar nicht oder lediglich als vermeintlich grippaler Infekt wahrgenommen

Die Akutphase der HCV-Infektion geht jedoch in mehr als 70% der Fälle in eine chronische Verlaufsform über. Dabei kann die Infektion noch Jahre später zur Leberzirrhose und zum Leberzellkarzinom führen. Zur epidemiologischen Situation der Hepatitis C werden jedes Jahr durch das Robert Koch-Institut Zahlen veröffentlich. Diese belaufen sich für das Jahr 2004 auf 8882 gemeldete Erstdiagnosen in Deutschland.

Davon wurden etwas mehr als 50% labordiagnostisch festgestellt und waren ohne typisches klinisches Krankheitsbild. Hierbei muss aber darauf hingewiesen werden, dass die Unterscheidung zwischen akuten und schon länger bestehenden HCV-Infektionen nicht möglich ist [6]. Die Prävalenz des Erregers in der Bundesrepublik wird vom RKI mit 0,4% bis 0,6% angegeben [7].

2.3 Human-Immundefizienz-Virus (HIV)

Im Jahr 2003 wurde bei 2000 Menschen in Deutschland eine Neuinfektion mit dem HI-Virus festgestellt. Ende 2003 lebten somit ca. 43.500 Menschen in Deutschland mit dem Virus bzw. mit AIDS, das entspricht einer Prävalenz von ca. 0,05%. Bei ca. 700 Personen kommt es zum Ausbruch von AIDS, 600 Menschen davon sterben jährlich an HIV/AIDS [8].

Nach Angaben der Weltgesundheitsorganisation (WHO) sind weltweit ca. 37,2 Millionen Menschen mit dem HI-Virus infiziert [9].

3 Prävalenz in Einrichtungen des Gesundheitswesens

In Deutschland gibt das Robert Koch-Institut (RKI) für die drei in Zusammenhang mit NSV wichtigsten Krankheitserreger regelmäßig Daten zu deren Prävalenz bekannt. Eigene Forschungsergebnisse haben jedoch gezeigt, dass die Prävalenz der Erreger bei den Patienten, die Quellpatient bei Nadelstichverletzungen waren und daher serologisch untersucht wurden, gegenüber der Allgemeinbevölkerung deutlich erhöht sind (Tabelle 1).

Gründe für diese deutliche Überhöhung sind zum einen negative Selektionsprozesse – in Krankenhäusern findet man natürlich mehr Kranke als außerhalb –, zum anderen werden Stichverletzungen an bekannt Infizierten in jedem Fall gemeldet, während ansonsten NSV häufig nicht oder nur unzureichend gemeldet werden.

Tabelle 1: Seroprävalenz der drei wichtigsten blutübertragbaren Erreger in der Allgemeinbevölkerung (Daten RKI) und bei Spendern registrierter Nadelstichverletzungen des Klinikums Wuppertal und des Universitätsklinikums Freiburg, Nachuntersuchungszeitraum nach NSV mindestens 9 Monate.

Virus	Daten RKI [10, 11]	Wuppertal [12] n = 1224	Freiburg [13] n = 8426
HBV	0,6%	2,5%	4,2%
HIV	0,05%	2,5%	3,7%
HCV	0,6%	9,8%	6,8%

4 Die übertragene Blutmenge als relevanter Parameter für Infektionen

Fast alle Krankheitserreger sind durch einen direkten Blutkontakt übertragbar, wie er bei einer Nadelstichverletzung auftritt. So können alle Virushepatitiserreger, HIV, die Erreger von Diphtherie, Typhus, Herpes simplex, Tuberkulose, Malaria, Fleckfieber, Syphilis und Gonorrhoe nachweislich durch Nadelstichverletzungen übertragen werden [14].

Bei der Übertragung von Krankheitserregern muss zwischen Viren und Bakterien unterschieden werden. Während bei Bakterien prinzipiell ein einzelnes übertragenes Bakterium eine Infektion auslösen kann, ist bei einer Virusinfektion von einer Dosis-Wirkungbeziehung auszugehen, d.h. die Gefahr einer Infektion nimmt mit der Anzahl der übertragenen Viruskopien zu.

NSV – eine Übersicht

Während das Risiko einer HBV-Infektion durch die Schutzimpfung minimiert werden kann und für HBV wie auch für HIV eine (einigermaßen) effiziente Postexpositionsprophylaxe existiert, ist bei HCV das Vermeiden einer Exposition momentan die einzige mögliche Prophylaxe. Da es bei HCV keine Möglichkeiten zur Impfung gibt, sich dieses Virus bei üblichen Antikörper-Screenings lange einem Nachweis entzieht und auch keine einheitliche anerkannte Vorgehensweise bei einer akuten Infektion existiert, erscheint HCV aus klinischer, epidemiologischer und diagnostischer Sicht am gefährlichsten [15].

Die Erregerlast infizierter Patienten schwankt nicht nur von Erreger zu Erreger, sie ist auch vom Stadium der Krankheit, deren Verlauf und anderen individuellen Parametern abhängig. So steigt die Erregerlast bei HIV nicht gleichmäßig vom Beginn der Infektion an. Einzelne Krankheitsschübe führen zu zeitweilig erhöhten Werten. Im Vollbild AIDS erreichen sie dann einen Maximalwert.

Durch Auswertung gemeldeter Nadelstichverletzungen und deren Folgen wurden die Infektionsrisiken nach Stichverletzungen errechnet; in der Literatur wird der Gefälligkeit halber häufig auf die „rule of three" zurückgegriffen, allerdings finden sich auch genauere Angaben für die Serokonversionsraten (Tabelle 2):

Tabelle 2: Serokonversionsraten nach einer Nadelstichverletzung.

Erreger	Übertragung (Serokonversion) nach einer Nadelstichverletzung mit eindeutig positivem Spender („rule of three")	Serokonversion aus wissenschaftlich-medizinischen Studien
HBV	In 300 von 1000 Fällen	23%–37% [16]
HCV	In 30 von 1000 Fällen	1,8%–10% [17,18]
HIV	In 3 von 1000 Fällen	0,3% [19]

Jilg schätzte 1996, dass die für die Übertragung von HBV notwendige Blutmenge im Bereich von 10^{-6} l, also im Nanoliterbereich, liegt [20]. Für eine suffiziente Übertragung von HIV schätzte Luc Montagnier, der Entdecker des Aids-Virus, die notwendige Blutmenge auf etwa einen Milliliter [21]. Aus den bekannten Serokonversionsraten lässt sich demnach ableiten, dass die für eine Infektion mit dem Hepatitis-C-Virus notwendige Blutmenge in der Mitte zwischen der von HBV und HIV liegen wird.

5 Das übertragene Blutvolumen

Das bei Kanülenstichverletzungen übertragene Blutvolumen kann nicht direkt gemessen werden. Zum einen entzieht sich das übertragene Blut jeder direkten Messung, da es sich nach der Übertragung im Gewebe befindet, zum anderen sind die übertragenen Mengen sehr klein.

Das maximal durch einen Nadelstich übertragene Volumen kann für den Modellfall der Hohlnadel/Kanüle durch eine einfache Rechnung abgeschätzt werden:

Das Volumen in einem Zylinder ergibt sich aus dem Produkt seiner Grundfläche und seiner Höhe. Eine Hohlnadel stellt einen Zylinder dar, daher ist das von ihr umschlossene Volumen gleich: $l \times r^2 \pi$.

Damit beträgt beispielsweise das Volumen einer gebräuchlichen großlumigen Monovettennadel der Größe 1 mit 0,9 mm Außendurchmesser[1)] und 38 mm Länge (20G x 1½") 24,17 mm³ oder 24,17 μl. Existiert kein weiteres Blutreservoir, wie beispielsweise eine angesetzte Spritze, so ist das maximal übertragbare Blutvolumen bei dieser Kanülengröße auf ca. 24 μl begrenzt. Mittels radioaktiver Markierung wurden an der Universität Wup-

---

[1)] In der Herstellerbezeichnung wird lediglich der Außendurchmesser angegeben. Im Sinne eines *worst case*-Szenarios wurde für die Rechnung der unbekannte Innendurchmesser durch den bekannten Außendurchmesser ersetzt.

NSV – eine Übersicht

pertal Messungen zum übertragenen Blutvolumen bei Kanülenstichverletzungen an blutgefüllten Hohlnadeln durchgeführt. Es zeigte sich, dass die Messergebnisse auch innerhalb der einzelnen Versuchsreihen sehr stark streuen. Offensichtlich ist das übertragene Blutvolumen bei Nadelstichverletzungen annähernd normalverteilt mit sehr großen Standardabweichungen (Abbildung 1).

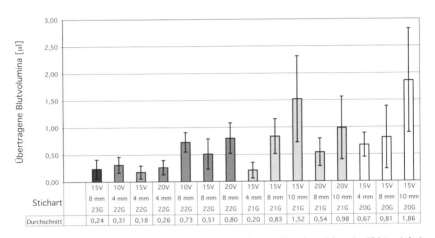

Abbildung 1: Übertragene Blutvolumina nach simulierten Kanülenstichen in Abhängigkeit vom Nadeldurchmesser, der Stichtiefe und der Stichgeschwindigkeit. Der Nadeldurchmesser ist in Gauge (G) angegeben, die Stichtiefe in mm und die Stichgeschwindigkeit als Funktion der am Stichapparat anliegenden Spannung in Volt (V). Die Balken kennzeichnen den Bereich der Standardabweichung (n_{gesamt} = 240).

Das bei Nadelstichverletzungen an blutgefüllten Hohlnadeln übertragene Volumen liegt im Bereich von 1 μl. Wegen der großen Streuung ist von einer Bagatellisierung auch kleinster Nadelstichverletzungen abzuraten, da auch kleine Kanülen bei kleinsten Stichen große Blutvolumina übertragen können.

Die immer wieder diskutierte Schutzfunktion von medizinischen Einmalhandschuhen wurde ebenfalls untersucht (Abbildung 2). Es konnte gezeigt werden, dass Schutzhandschuhe für den Fall des Stiches mit einer Hohlnadel das übertragene Blutvolumen nicht beeinflussen. Dies erscheint logisch, wenn man bedenkt, dass bei Stichen mit Kanülen die überwiegende Menge des Blutes in der Nadel sitzt, sodass ein Abstreifeffekt an der Oberfläche kaum Einfluss auf das übertragene Volumen hat.

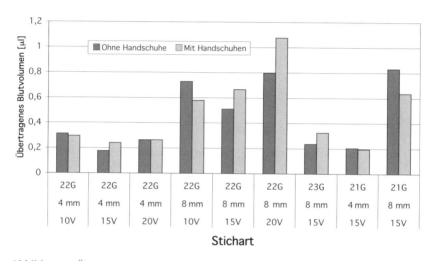

Abbildung 2: Übertragenes Blutvolumen beim Stich durch Handschuhe und beim Stich in die ungeschützte Haut.

6 Risikoabschätzung

Das Risiko einer Infektion nach einer NSV ist abhängig von der Prävalenz der Erreger, der Durchimpfungsrate gegen impfpräventable Erreger und der Serokonversionsrate der Erreger. Die Serokonversionsrate ist direkt mit der bei einer NSV übertragenen Blutmenge verknüpft. Geht man von der ermittelten durchschnittlich übertragenen Menge von 1 µl aus, zeigt sich, dass die Risiken für die einzelnen Erreger stark unterschiedlich sind (Tabelle 3).

Tabelle 3: Rechnerisches Risiko einer Infektion nach Nadelstichverletzung.

Erreger	Prävalenz Deutschland	Prävalenz im Krankenhaus	Serokonversionsrate	Risiko
HBV	0,6%	2,5%	bis 100%	bis 1 : 25 (ungeimpfter Empfänger)
HCV	0,4% – 0,6%	10%	bis 10%	bis 1 : 100
HIV	0,8%	2,5%	bis 0,3%	bis 1 : 13.333

Das Risiko einer beruflich verursachten HIV-Infektion in Deutschland ist demnach als sehr gering anzusehen. Bei einem HIV-positivem Spender ohne antiretrovirale Behandlung wird die Übertragungswahrscheinlichkeit auf unter 0,3% geschätzt [22]. Dies bedeutet, dass selbst bei der mit 2,5% deutlich über der Prävalenz des Erregers in der Allgemeinbevölkerung liegenden Durchseuchung nur alle 13.333 Stichverletzungen mit einer Übertragung des HI-Virus gerechnet werden muss. Tatsächlich sind bei Beschäftigten im Gesundheitsdienst bis zum Mai 2001 lediglich 14 Fälle bekannt geworden, bei der es zu einer HIV-Übertragung nach einer Nadelstichverletzung gekommen ist [23].

Bei ungeimpften Empfängern wäre durch das Hepatitis-B-Virus fast alle 25 Stichverletzungen mit einer Infektion zu rechnen. Da der Erreger impfpräventabel ist, reduziert sich das Übertragungsrisiko mit steigender Durchimpfungsrate. Bei einer Impfquote von 90% ist mit einer Infektionsübertragung höchstens alle 250 Nadelstiche zu rechnen.

Das relativ gesehen größte Risiko ist daher dem Hepatitis-C-Virus zuzuschreiben. Rechnerisch ist hier fast alle 100 Stichverletzungen mit einer Infektionsübertragung zu rechnen.

Die heute möglichen Maßnahmen einer postexpositionellen Prophylaxe bzw. einer antiviralen Therapie reduzieren das tatsächliche Risiko weiter: Rechtzeitig eingeleitet, können diese Maßnahmen Infektionen sicher verhindern. Grundlage hierfür ist allerdings eine Meldung der Stichverletzung beim zuständigen Arzt, da nur gemeldete Stichverletzungen nach den Maßgaben der ärztlichen Kunst versorgt werden können.

7 Prävention und Kosten

Fast alle Nadelstichverletzungen (NSV) im nicht-chirurgischen Bereich und damit fast alle nosokomialen Infektionen durch blutübertragbare Krankheitserreger, egal ob Personal oder Patienten betroffen sind, lassen sich durch den Einsatz von Sicherheitsprodukten verhindern [24]. Diese sicheren Instrumente (SI) sind Kanülen mit integrierten Sicherheitseinrichtungen, die ein versehentliches Stechen nach dem ordnungsgemäßen Gebrauch weitgehend ausschließen.

Die flächendeckende Einführung dieser sicheren Instrumente scheitert momentan an deren Mehrkosten. Dabei werden auch durch die drei wichtigsten blutübertragbaren Infektionserreger (HBV, HCV, HIV) den Unfallversicherern und der Gesellschaft jährlich Kosten in zweistelliger Millionenhöhe zugefügt [25]. Unfallversicherungsträger und Gesetzgeber tragen diesen Überlegungen Rechnung und haben einschlägige Gesetze und Verordnungen erlassen, die de facto den Einsatz dieser Sicherheitsprodukte vorschreiben:

Das Arbeitsschutzgesetz fordert für Sicherheitsmaßnahmen den „Stand der Technik" [26]. „Stand der Technik ist der Entwicklungsstand fortschrittlicher Verfahren, Einrichtungen oder Betriebsweisen, der die praktische Eignung einer Maßnahme zum Schutz der Gesundheit der Beschäftigten gesichert erscheinen lässt. Bei der Bestimmung des Standes der Technik sind insbesondere vergleichbare Verfahren, Einrichtungen und Betriebsweisen heranzuziehen, die mit Erfolg in der Praxis erprobt worden sind. Gleiches gilt für den Stand der Arbeitsmedizin und Hygiene" [27].

Die Biostoffverordnung wird durch mehrere so genannte Technische Regeln für Biologische Arbeitsstoffe (TRBA) umgesetzt: In der ersten Fassung der TRBA 250 [28], „Biologische Belastungen im Gesundheitsdienst und in der Wohlfahrtspflege" im Jahr 2003 wurde in einer „Soll-Vorschrift" der Einsatz sicherer Produkte gefordert: „Spitze, scharfe und zerbrechliche Arbeitsgeräte sollen durch solche geeignete Arbeitsgeräte oder -verfahren ersetzt werden, bei denen keine oder eine geringere Gefahr bei Schnitt und Stichverletzungen besteht".

7.1 Kosten einer Stichverletzung

Um die Kosten einer NSV zu quantifizieren, wurde im Rahmen einer groß angelegten Studie der Universität Wuppertal und der Hochschule Niederrhein das Klinikum Wuppertal, ein Krankenhaus der maximalen Versorgungsstufe mit 1006 Betten als Ausgangsgröße für die Modellbildung und Berechnung gewählt. Für das ausgewählte Haus konnte auf verlässliche Daten zur Prävalenz der einzelnen Krankheitserreger und der Durchimpfungsrate des Personals zurückgegriffen werden, da diese für eine andere Studie unmittelbar vorher erhoben worden waren.

Für die Berechnung der Kosten durch eine NSV wurden die nach der Meldung notwendigen Schritte in drei Ereignisablaufdiagrammen (nach DIN 25419 [29]), entsprechend den einzelnen Erregern (HBV, HCV, HIV), abgebildet. Für alle Verzweigungen konnten die jeweiligen Eintrittswahrscheinlichkeiten für die Zweige bestimmt werden. Hierzu wurde zum einen auf die Daten zur Prävalenz und Inzidenz einzelner Krankheitserreger des Robert Koch-Instituts (RKI), veröffentlicht im Epidemiologischen Bulletin, zurückgegriffen. Zum anderen konnte im untersuchten Krankenhaus auf die Daten des Betriebsarztes von 1.224 NSV Bezug genommen werden, bei denen die Spender und die Empfänger serologisch untersucht worden waren. Somit standen für die Kalkulation der Kosten einer Nadelstichverletzung mit den Daten des RKI und den Daten des Betriebsarztes zwei unabhängige Datensätze zur Verfügung.

Die Mehrkosten durch sichere Instrumente wurden dann im Rahmen einer Herstellerbefragung für die konkrete Bezugssituation des Modellkrankenhauses erhoben. Zehn Hersteller beteiligten sich an der Studie und gaben die angeforderten Preise weiter.

Es konnte gezeigt werden, dass die Einführung von sicheren Instrumenten mit großen Mehrkosten verbunden ist. Für ein Krankenhaus der Maximalversorgung mit 1000 Betten hätte die Umstellung auf Sicherheitsprodukte im Jahr 2003 noch rund 156.000 € gekostet [30], im Jahr 2006 lagen die Mehrkosten immer noch bei 116.000 €, also bei 116 € pro Krankenhausbett [31]. Die Mehrkosten für die flächendeckende Einführung von SI in der Bundesrepublik Deutschland liegen bei derzeit 530.000 Krankenhausbetten damit voraussichtlich bei 61 Mio. €.

Gleichzeitig zeigte sich jedoch, dass die Kosten einer NSV – abhängig von der Prävalenz der wichtigsten Infektionserreger und der HBV-Durchimpfungsrate der Beschäftigten – sehr hoch sind (Tabelle 4). Dabei spielt die Durchimpfungsrate gegen Hepatitis B sowohl bei den Kosten, die vom Betreiber des Krankenhauses getragen werden müssen, als auch bei den Gesamtkosten eine deutlich größere Rolle als die stark unterschiedliche Prävalenz der betrachteten Infektionserreger in der Allgemeinbevölkerung und in der Krankenhausbevölkerung. Die Durchimpfungsrate im untersuchten Haus betrug 90%, es ergaben sich Gesamtkosten von 487,48 € pro gemeldeter Stichverletzung.

Im untersuchten Haus wurden in den letzten Jahren im Schnitt 166 Stichverletzungen an Kanülen gemeldet. Gemessen an den Erfahrungswerten anderer Häuser lässt diese Zahl auf eine sehr niedrige Meldequote schließen. Zu erwarten ist, dass sich im untersuchten Haus jährlich bis zu 1000 derartige Verletzungen ereignen.

Tabelle 4: Kosten einer NSV in Abhängigkeit von der HBV-Durchimpfungsrate und der unterschiedlichen Prävalenz der Erreger in der Allgemeinbevölkerung und der Krankenhausbevölkerung (die tatsächlichen Werte des untersuchten Krankenhauses sind grau hinterlegt, die übrigen Werte sind rechnerische Daten für geänderte Parameter).

HBV-Durchimpfungsrate	Prävalenz Klinikum Wuppertal		Prävalenz Allgemeinbevölkerung	
	Gesamtkosten	Kostenanteil Krankenhaus	Gesamtkosten	Kostenanteil Krankenhaus
100%	450,57 €	118,80 €	395,48 €	109,84 €
90%	487,48 €	147,78 €	431,71 €	138,90 €
80%	524,39 €	176,76 €	467,94 €	167,95 €
70%	561,30 €	205,74 €	504,17 €	197,01 €
60%	598,20 €	234,72 €	540,39 €	226,06 €
50%	635,11 €	263,69 €	576,62 €	255,12 €

In Abhängigkeit von der Anzahl der gemeldeten Nadelstichverletzungen kann sich die Einführung sicherer Instrumente schon bei dem derzeitigen Kostenniveau für den Unfallversicherungsträger (UVT) rentieren (Tabelle 5).

Ohne finanzielle Beteiligung der zuständigen Unfallversicherung ist die Einführung der sicheren Instrumente für das Haus momentan nicht rentabel. Da die Gesetzliche Unfallversicherung allerdings nach dem Umlageprinzip abrechnet, bedeutet eine Einsparung von Kosten im besten Fall Beitragssenkungen für das Folgejahr. Zu berücksichtigen ist allerdings, dass in der ersten Zeit bei der Einführung sicherer Instrumente die Gesamtheit der versicherten Unternehmen von den Bemühungen einzelner profitieren wird. Dieser Effekt verschwindet erst bei einem deutlichen Rückgang der NSV in allen versicherten Betrieben, wie er erst nach einer flächendeckenden Einführung sicherer Instrumente zu erwarten ist [31].

NSV – eine Übersicht

Tabelle 5: Kosten-Nutzen-Rechnung für die Einführung sicherer Instrumente (die tatsächlichen Werte des untersuchten Krankenhauses sind grau hinterlegt, die übrigen Werte sind rechnerische Daten für geänderte Parameter).

Anzahl gemeldete NSV	Anzahl NSV nach Einführung von SI	Eingesparte Kosten KH	Eingesparte Kosten UVT	Eingesparte Kosten UVT+KH	Ersparnis UVT / Mehrkosten KH
300	45	38.000 €	124.000 €	162.000 €	124.000 €
					78.000 €
200	30	25.000 €	83.000 €	108.000 €	83.000 €
					91.000 €
166	25	21.000 €	69.000 €	90.000 €	69.000 €
					95.000 €
100	15	13.000 €	42.000 €	54.000 €	42.000 €
					103.000 €

Die Dunkelziffer bei NSV ist sehr hoch. Die gemeldeten Fälle bilden das eigentliche Unfallgeschehen meist nur unzureichend ab. Die Kosten für nicht gemeldete Kanülenstiche sind schwer zu erfassen, die volkswirtschaftlichen Kosten für die daraus resultierenden Krankheiten sehr hoch.

Setzt man die Kosten durch gemeldete NSV denen der sicheren Instrumente gegenüber und postuliert einen Rückgang des Unfallgeschehens nach deren Einführung, so zeigt sich, dass die Mehrkosten der sicheren Instrumente einer erheblichen Einsparung durch Vermeidung von Folgekosten gegenüberstehen. Der Deckungsbeitrag ist jedoch stark von der Meldequote abhängig, da nur gemeldete NSV auch nach den Regeln der ärztlichen Kunst versorgt werden.

In der erwähnten Arbeit wurde zur Ermittlung der Kosten ein prospektiver Ansatz gewählt, das heißt, es wurden ausgehend vom Ereignis „gemeldete NSV" deren voraussichtliche Kosten errechnet. Die Autoren mehrerer internationaler Studien haben retrospektiv die entstandenen Kosten einer derartigen Verletzung ermittelt, während eine weitere Arbeitsgruppe ebenfalls einen prospektiven Ansatz verfolgte (Tabelle 6).

NSV – eine Übersicht

Tabelle 6: Studien über die Kosten von Nadelstichverletzungen im Vergleich.

Studie	Land (Jahr)	Sichtweise	Kosten [Landeswährung]	~ Kosten [€]*
Stichverletzung an eindeutig negativer Quelle	Schweiz (2000 – 2002) [32]	prospektiv	525,80 SFr	355,87 €
Stichverletzung mit HCV-positiver Quelle	Schweiz (2000 – 2002) [32]	prospektiv	1.008,40 SFr	682,50 €
Stichverletzung mit HIV-positiver Quelle	Schweiz (2000 – 2002) [32]	prospektiv	5.119,50 SFr	3.464,64 €
Stichverletzung in Gebiet mit hoher HIV-Prävalenz	USA (1995 – 1997) [33]	retrospektiv	672,00 US-Dollar	785,05 €
Stichverletzung in Gebiet mit niedriger HIV-Prävalenz	USA (1995 – 1997) [33]	retrospektiv	539 US-Dollar	629,67 €
Stichverletzung in deutscher Großstadt	Deutschland (2005) [30]	prospektiv	487,48 €	

* Die Umrechnung erfolgte zum Kurs bei Veröffentlichung der jeweiligen Studien

Vergleicht man die Zahlen der einzelnen Studien, zeigt sich, dass die im prospektiven Ansatz gewonnenen Zahlen der Wuppertaler Studie [30] sich weitgehend mit denen der retrospektiven Studien aus den Vereinigten Staaten decken. Im Vergleich mit den Schweizer Studien fällt auf, dass die dort ermittelten Kosten für eindeutig HIV-positive Spender deutlich über dem in dieser Studie ermittelten Wert liegen. Ursache hierfür ist die deutlich umfangreichere Nachsorge, die in der Schweizer Studie vorausgesetzt wird.

7.2 Einsparpotenziale durch Einsatz sicherer Instrumente

Beim Einsatz sicherer Instrumente dürfen nicht nur deren Mehrkosten in Erwägung gezogen werden, da deren Nutzung auch in gewissen Rahmen Einsparpotenziale mit sich bringt. So sparen die SI dem Arbeitgeber selbstverständlich Kosten ein, die durch Stich- und Schnittverletzungen entstehen würden. Dieser Beitrag finanziert die Mehrkosten, wie oben gezeigt, jedoch nicht entscheidend. Eine Möglichkeit der direkten Kostenreduktion könnte sich aber aus einem effizienteren Beschäftigteneinsatz ergeben: Bislang verbietet das Mutterschutzgesetz (MuSchG) bzw. die Verordnung zum Schutz der Mütter am Arbeitsplatz (MuSchArbV) die Beschäftigung von werdenden Müttern mit Tätigkeiten, bei denen eine Infektionsgefahr besteht. Dies bedeutet, dass Ärztinnen und Krankenschwestern nach Bekanntwerden ihrer Schwangerschaft sämtliche Tätigkeiten innerhalb der Schutzstufe 2 nach der Biostoffverordnung, d.h. mit Tätigkeiten, bei denen durch Blutkontakt ein Infektionsrisiko besteht, nicht mehr ausüben dürfen. Sichere Instrumente haben bereits erwiesen, dass sie das Verletzungs- und damit auch das Infektionsrisiko stark herabsetzen; daher könnte dieses Beschäftigungsverbot gelockert werden, wenn Sicherheitsprodukte eingesetzt werden.

Da in Krankenhäusern ein großer Teil der Belegschaft weiblich ist, die überwiegende Mehrheit davon in einem gebärfähigen Alter, würde eine solche Lockerung beim Einsatz von SI diesen Frauen eine umfassendere Beschäftigung ermöglichen. Im bisherigen Alltag läuft eine schwangere Ärztin oder Krankenschwester Gefahr, keine qualifizierten Tätigkeiten mehr ausüben zu dürfen. Die häufig vom Arbeitgeber als Ersatz angebotenen Tätigkeiten sind für diesen weniger wirtschaftlich und stellen die Beschäftigten häufig auch nicht zufrieden.

Auf Grund offensichtlich weit verbreiteter Ängste vor Infektionen kann der Einsatz sicherer Instrumente unter Umständen auch einen Beitrag dazu leisten, dass Beschäftigte im Gesundheitsdienst länger in ihrem Beruf bleiben. Durch die geringere Fluktuation gehen die Kosten für die Werbung neuer Mitarbeiter zurück, und die hohen Kosten für die Ausbildung werden wirtschaftlich auf einen größeren Zeitraum verteilt. Dementsprechend ist nicht ausgeschlossen, dass die ausschließliche Verwendung von SI sich positiv auf das Meinungsbild über das Unternehmen auswirkt; ein finanzieller Nutzen einer solchen positiven Außendarstellung kann nicht ausgeschlossen werden.

Sichere Instrumente können das Risiko, dass sich Mitarbeiter mit Infektionserregern infizieren, stark mindern. Ein nicht unerheblicher Aspekt dabei ist die Frage nach eventuell entstehenden Kosten durch die Infektion von Patienten durch einen infizierten Mitarbeiter. Im Regelfall haftet das Haus für derartige Schäden [34]. Etwaige strafrechtliche Aspekte sollen hier unberücksichtigt bleiben.

8 Rechtliche Vorgaben der geänderten TRBA 250

Schon im Jahr 2003 forderte die Europäische Agentur für Sicherheit und Gesundheitsschutz am Arbeitsplatz für den Bereich Gesundheitswesen ausdrücklich den Einsatz stichsicherer Systeme [35]. Diese Erklärung wurde im Juni 2006 vom Europäischen Parlament erneut aufgegriffen und eine rasche Entscheidung der Kommission zum verbindlichen Einsatz sicherheitstechnologischer Instrumente gefordert [36]. Ein Grund hierfür waren auch die durchweg positiven Erfahrungen aus den USA, die bereits im Jahr 2000 die Unternehmen im Gesundheitsdienst verpflichteten, nur noch stichsicherere Systeme zu verwenden [37].

Bereits seit mehreren Jahren war der Schutz Beschäftigter vor Nadelstichverletzungen in einer „Soll-Bestimmung" im Punkt 4.2.4 der TRBA 250 geregelt. Am 17. Mai 2006 hat der Ausschuss für Biologische Arbeitsstoffe die bisher geltenden Bestimmungen tatsächlich deutlich verschärft (siehe S. 116). Für viele Tätigkeiten und Einsatzbereiche ist der Einsatz moderner

Sicherheitsprodukte damit verpflichtend! Diese Instrumente verfügen über eingebaute Sicherheitsmechanismen, die ein ungewolltes Stechen nach dem bestimmungsgemäßen Gebrauch unmöglich machen sollen (Abbildung 1 und 2).

Abbildung 1 und 2: Sichere Produkte zur Vermeidung von Nadelstichverletzungen; sichere Blutentnahmesysteme mit klappbaren Schutzschilden (links von Becton Dickinson GmbH, Heidelberg; rechts von Sarstedt AG, Nümbrecht).

Sichere Instrumente müssen nach den neuen Vorgaben in allen Bereichen mit erhöhter Infektionsgefahr (Gefängniskrankenhäuser, Patienten mit bekannten gefährlichen Infektionskrankheiten etc...) oder in Bereichen mit erhöhter Unfallgefahr (Notaufnahme, Rettungsdienst, bei fremdgefährdenden Patienten usw.) eingesetzt werden. Außerdem ist ihr Einsatz immer dann vorgeschrieben, wenn Tätigkeiten durchgeführt werden, bei denen mit der Übertragung infektionsrelevanter Mengen an Blut oder Körperflüssigkeiten zu rechnen ist. Ausdrücklich genannt sind in diesem Kontext Blutentnahmen sowie alle Punktionen zur Entnahme von Körperflüssigkeiten. Die explizite Nennung dieser beiden Tätigkeiten bedeutet jedoch nicht, dass bei anderen Tätigkeiten keine infektionsrelevanten Mengen übertragen werden. Prinzipiell reichen nämlich auch kleinste, ja sogar unerkannte Nadelstichverletzungen aus, um infektionsrelevante Mengen an Blut oder anderen Körperflüssigkeiten zu übertragen.

9 Beteiligung des Betriebsarztes bei der Gefährdungsbeurteilung

Ausnahmen von der Verwendungspflicht für Sicherheitsprodukte sind nur möglich, wenn durch organisatorische Maßnahmen ein besonders niedriges Unfallrisiko sichergestellt werden kann oder wenn der zu behandelnde Patient erwiesenermaßen nicht infektiös ist. Das muss im Rahmen einer Gefährdungsbeurteilung unter Beteiligung eines Betriebsarztes festgestellt und gesondert dokumentiert werden.

Der Normautor fordert hier im Falle der Nichtumsetzung also besonderen Sachverstand bei der Gefährdungsbeurteilung ein. Die Beurteilung wird aber in der Mehrheit der Fälle zu dem Ergebnis kommen, dass die Verwendung der Sicherheitsprodukte obligatorisch ist, da mit rein organisatorischen Maßnahmen ein gleichwertiger Schutz vor Stichverletzungen nicht zu erreichen ist. Bei der Auswahl geeigneter Sicherheitsprodukte sind nach Maßgabe der Technischen Regel die Beschäftigten zu beteiligen, außerdem müssen diese vor der Einführung der sicheren Instrumente im richtigen Umgang geschult und unterwiesen werden.

TRBA bzw. die gleichlautenden Regeln der Unfallversicherer (BGR bzw. GUV-R) gelten wie nahezu alle Arbeitsschutzvorschriften nur für abhängig Beschäftigte. Der Arbeitgeber selbst (beispielsweise der niedergelassene Arzt) ist meist nicht an diese Vorschriften gebunden, muss diese jedoch für den Schutz seines Personals umsetzen. Technische Regeln wie die TRBA 250 geben den „Stand der Technik" wieder, der nach den Vorgaben des Arbeitsschutzgesetzes und der Biostoffverordnung einzuhalten ist. Sie sind als Berufsgenossenschaftliche Regeln auch Bestandteil des autonomen Rechtes der Unfallversicherungen. Eine Nichtbeachtung dieser Vorschriften kann im Schadensfall daher zu Regressforderungen der Unfallversicherung an den Arbeitgeber führen.

Nach Auskunft des Ausschusses für Biologische Arbeitsstoffe besteht für Gesundheitseinrichtungen die Möglichkeit, vorhandene Altprodukte noch bis zum 31.7.2007 aufzubrauchen, allerdings nicht, wenn bekannt infizierte Patienten behandelt werden sollen.

10 Literatur

[1] Statistisches Bundesamt Deutschland: *www.destatis.de/basis/d/gesu/gesutab1.htm*; abgerufen am 02.11.2004

[2] Hofmann F (1992) Betriebsarzt im Krankenhaus – Infektionsprophylaxe Begehungen und Ergonomie. Landsberg, ecomed, 11

[3] World Health Organisation (WHO); *www.who.int/inf-fs/en/fact204.html*; abgerufen am 28.02.2005

[4] Hofmann F (2003) Technischer Infektionsschutz im Gesundheitsdienst: Das Problem der blutübertragenen Infektionserreger. Landsberg, ecomed, 15, 19, 25

[5] RKI (2002) Auszug aus dem Infektionsepidemiologischen Jahrbuch 2002: Hepatitis C Jahresbericht des Robert Koch-Institutes

[6] RKI (2003) Epidemiologisches Bulletin Sonderausgabe B vom 11. August 2003

[7] RKI (1999) Erstveröffentlichung im Bundesgesundheitsblatt 12/1999, aktualisierte Fassung vom April 2004

[8] RKI (2003) Epidemiologisches Bulletin Sonderausgabe A vom 19. März 2003, 3

[9] World Health Organisation, *www.who.int/en*

[10] RKI (2005) Epidemiologisches Bulletin 46/2005: 422

[11] RKI (2007) Epidemiologisches Bulletin 47/2007: 413

[12] Schroebler S (2000) Infektionsrisiko durch Nadelstichverletzungen für Beschäftigte im Gesundheitsdienst, in Dokumentationsband über die 40. Jahrestagung der Gesellschaft für Arbeitsmedizin und Umweltmedizin e.V., Rindt-Druck, Fulda, 295-296 fortgeführt und ergänzt, persönliche Mitteilung

[13] Hofmann F, Wittmann A, Kralj N, Schroebler S, Gasthaus K (2006) Immunologischer und sicherheitstechnischer Schutz vor HBV-, HCV-, und HIV-Virusinfektionen. Anästh Intensivmed 47: 39-43

[14] *www.needle-stick-syringe-injury.com/pgs/needle-stick-facts.html*

[15] N.N. (2000) Themenheft „Hepatitis C". Wiener Medizinische Wochenschrift 150: 23-24

[16] Werner BG, Grady GF (1982) Accidental hepatitis-B-surface-antigen-positive inoculations: use of e antigen te estimate infectivity. Ann Intern Med 97: 367-369

[17] Hofmann F, Berthold H (1998) HBV-, HCV-, und HIV-Übertragungsrisiko bei Verletzungen an gebrauchten Kanülen. Aus: Hallier E, Bünger J: Dokumentationsband über den 38. Jahrestag der DGAUM, Rindt-Druck, Fulda, 369-372.

[18] Lanphear BP, Linnemann CC Jr., Cannon CG, DeRonde MM, Pendy L, Kerley LM (1994) Hepatitis C virus infection in healthcare workers: risk of exposure and infection. Infect Control Hosp Epidemiol 15: 745-750

[19] Bell DM (1997) Occupational risk of human immunodeficincy virus infection in health care workers: an overview. Am J Med 102: 9-15

[20] Jilg W (1996) Allgemeine Hepatitis B-Impfung im Kindesalter. Die gelben Hefte 3: 107

[21] Hofmann F (1992) Betriebsarzt im Krankenhaus. Landsberg, ecomed, 38

[22] Hofmann F, Berthold H (1998) HBV-, HCV-, und HIV-Übertragungsrisiko bei Verletzungen an gebrauchten Kanülen. Aus: Hallier E, Bünger J: Dokumentationsband über den 38. Jahrestag der DGAUM, Rindt-Druck, Fulda , 369-372

[23] RKI (2001) Epidemiologisches Bulletin 42/2001

[24] Dale J, Pruett S, Maker M (1998) Accidental needlesticks in the phlebotomy service of the Department of Laboratory Medicine and Pathology at Mayo Clinic Rochester. Mayo Clin Proc 73: 611-615

[25] Statistik der BGW 2003

[26] Arbeitsschutzgesetz vom 7. August 1996 (BGBl I S. 1246), zuletzt geändert durch Artikel 227 der Verordnung vom 31. Oktober 2006 (BGBl. I S. 2407)

[27] §3 Abs. 9 GefStoffV, BGBl. I S. 2233, 15. November 1999

[28] BArbBl. 11/2003: 53-73

[29] DIN 25419; Ereignisablaufanalyse, Verfahren, graphische Symbole und Auswertung; DK 62.004.64(084.21):62-192:003.62; November 1985

[30] Hofmann F, Wittmann A, Kralj N, Neukirch B, Schroebler S (2006). Kosten und Nutzen der Einführung „Sicherer scharfer medizinischer Instrumente". In: Dokumentationsband über die 45. Jahrestagung der DGAUM, Hrsg.: Brüning, T., Harth, V., Zaghow, M.; 439-441

[31] Wittmann A, Zeljka V, Neukirch B, Hofmann F. Gesamtwirtschaftliche Kosten durch Nadelstichverletzungen und möglicher Nutzen durch die Einführung Sicherer Instrumente, Beitrag auf der Jahrestagung der DGAUM 2007 in Mainz (V 87), zur Veröffentlichung angenommen

[32] Graf-Deuel E (2002) Auswertung der Stichverletzungen am KSSG Jahre 2000, 2001 und 2002. Personalärztlicher Dienst. St. Gallen

[33] Jagger J, et al. (1998) Direct Cost of Follow-up for Percutaneos amd Mucocutaneous Exposures to At-Risk Body Fluids: Data From Two Hospitals. Virginia 1998. *www.healthsystem.virginia.edu/internet/epinet/costart.pdf*

[34] Möller PM (2004) TRBA 250 und ihre rechtlichen Folgen. Bundesarbeitsblatt 1/2004: 14

[35] Europäische Agentur für Sicherheit und Gesundheitsschutz am Arbeitsplatz: FACTS 29 – Arbeit- und Gesundheitsschutz im Gesundheitssektor

[36] Europäisches Parlament (2006) Schutz des in der europäischen Krankenversorgung tätigen Personals vor durch Blut übertragbaren Infektionen aufgrund von Verletzungen mit Injektionsnadeln. Plenarsitzungsdokument A6-0137/2006

[37] "Needlestick Safety and Prevention Act", An Act to require changes in the bloodborne pathogens standard in effect under the Occupational Safety and Health Act of 1970. <<NOTE: Nov. 6, 2000 – [H.R. 5178]>>,[DOCID: f:publ430.106], 106th Congress, Public Law 106-430[[Page 114 STAT. 1901]]

Nadelstichkampagne am Klinikum Oldenburg

Katrin Sander

1 Einführung

Am Klinikum Oldenburg startete 2002 eine Kampagne zur Verringerung von Nadelstichverletzungen (NSV). Sie begann mit einer Fragebogenaktion zur Erhebung von NSV, bei der ca. 2.100 Fragebögen an die Mitarbeiter verteilt wurden (der zugehörige Fragebogen findet sich am Ende dieses Beitrags).

Die Ergebnisse hatten Änderungen im Klinikum zur Folge, die in Abschnitt 3 näher erläutert sind. Durch die kontinuierliche Aufklärung steigt auch die Meldebereitschaft der Mitarbeiter, sodass die Unfallmeldungen immer noch nicht gesunken sind. Zur besseren Differenzierung ist eine weitere Fragebogenaktion 2007 geplant.

2 Die Nadelstichkampagne

Im Jahr 2001 wurden im Klinikum Oldenburg 135 Nadelstichverletzungen gemeldet. Die Dunkelziffer liegt nach Aussage von Fachleuten bei über 80%. Diese hohe Zahl und das Wissen um die Infektionsgefahr haben den Betriebsärztlichen Dienst und die Abteilung Arbeitssicherheit veranlasst, eine Kampagne zu starten, die mit einem Aktionstag im Mai 2002 begann. Plakate, Informationsbroschüren und ein Fragebogen regten in allen Bereichen die Diskussion zu diesem Thema an. Die Fragebogenaktion führte eine externe Firma durch.

2.105 Fragebögen wurden an die Gehaltsabrechnung angehängt und so an alle Mitarbeiter verteilt. Zudem war der Bogen im Intranet abrufbar. Letztendlich lag die Rücklaufquote bei ca. 30%, dies entspricht 610 ausgefüllten Fragebögen. Diese Rücklaufquote ermöglichte eine repräsentative Einschätzung der Situation im Klinikum Oldenburg. Die externe Firma stellte dann die Ergebnisse der Fragebogenaktion in einer Pflichtveranstaltung für alle leitenden Mitarbeiter des Klinikums vor. Diese Veranstaltung traf außerdem auf großes Interesse bei externen Hygienefachkräften, Fachkräften für Arbeitssicherheit und Betriebsärzten. Auch von den Berufsgenossenschaften und aus den Krankenpflegeschulen der Umgebung kamen Zuhörer. Externe Referenten, wie z.B. ein Arbeitsrichter, ein Mitarbeiter einer Firma, die sichere Kanülen herstellt und ein Mediziner wiesen auf der Veranstaltung auf die Risiken und die arbeitsrechtlichen Folgen einer Nadelstichverletzung hin. Auf dieser Veranstaltung nutzte der Betriebsärztliche Dienst auch die Chance, nochmals auf die Wichtigkeit des Impfens hinzuweisen.

3   Ergebnisse und Lehren aus der Befragung

Beim Auswerten der Fragebögen fiel auf, dass die meisten NSV beim Entsorgen gebrauchter Nadeln und beim Recappen auftreten. Als erste Maßnahme hat die Abteilung Arbeitssicherheit deshalb eine Umstellung der Entsorgungsbehälter in die Wege geleitet. Die bisher genutzten Behälter stellten sich als nicht durchstichsicher heraus. Da sich viele Mitarbeiter an Blutzuckerlanzetten verletzt haben, kam zudem flächendeckend die Stechhilfe SoftClix Pro® zum Einsatz. Außerdem werden seit März 2006 Sicherheitskanülen für subkutane und intramuskuläre Injektionen benutzt.

Alle zwei Wochen bietet die Arbeitssicherheit für alle Mitarbeiter Schulungen zum Thema Nadelstichverletzungen durch. Im hausinternen Qualifizierungsplan muss das Pflegepersonal die Teilnahme an diesen Schulungen dokumentieren.

Schon während der Ausbildung weist die Arbeitssicherheit in der Krankenpflegeschule darauf hin, dass konsequentes Tragen von Handschuhen die Gefahr einer Infektion durch eine Nadelstichverletzung erheblich verringert. Außerdem überprüft die Arbeitssicherheit bei kontinuierlichen Begehungen, ob die Entsorgungsbehälter ordnungsgemäß befüllt werden und vom medizinischen Personal mit an das Patientenbett genommen werden.

Die Nadelstichkampagne am Klinikum Oldenburg ist keine einmalige Aktion, sondern ein fortlaufender Prozess. Sie wird auch in nächster Zukunft die Abteilung Arbeitssicherheit und den Betriebsärztlichen Dienst beschäftigen.

Fragebogen des Klinikums Oldenburg

EIN STICH STECKT AN
Infektionsrisiken senken – Nadelstichverletzungen vermeiden

Liebe Kolleginnen, liebe Kollegen,
Nadelstichverletzungen (NSV) können passieren – jedem und jederzeit. Allerdings handelt es sich hierbei niemals um Bagatellverletzungen, da bei NSV immer ein Infektionsrisiko durch blutübertragbare Infektionserreger besteht.

Helfen Sie uns, damit wir Ihnen und Ihren Kollegen helfen können, durch gezielte Präventionsmaßnahmen NSV zu vermeiden und somit Ihre persönlichen Infektionsrisiken zu minimieren. Unser diesjähriger Unfallbericht hat ganz klar ergeben, dass NSV immer noch an erster Stelle unter den Arbeitsunfällen rangieren. Nur wenn wir die Umstände über Art und Zustandekommen der NSV besser verstehen, können wir die Sicherheitsstandards für Ihren Arbeitsplatz optimieren. Deshalb bitten wir Sie, sich ein paar Minuten Zeit zu nehmen, um den beiliegenden Fragebogen sorgfältig auszufüllen (auch wenn Sie Ihre NSV bereits gemeldet haben sollten). Zur Wahrung des Datenschutzes wurde der Fragebogen so konzipiert, dass keinerlei Rückschlüsse auf Ihre Person möglich sind.

Definition NSV: Als Nadelstichverletzungen zählen jegliche Stich-, Schnitt- und Kratzverletzungen der Haut durch Kanülen, Skalpelle etc., die mit Blut oder anderen Körperflüssigkeiten verunreinigt waren, einschließlich des direkten Kontaktes mit der Schleimhaut von Mund, Nase und Augen.

1) Wie oft wöchentlich führen Sie perkutane Eingriffe an Patienten durch (z.B. Blutabnahmen, Injektionen s.c., i.m., i.v., i.v. Zugang legen etc.)

   ☐ nie ☐ weniger als 1-mal ☐ 1- bis 10-mal ☐ 11- bis 20-mal
   ☐ über 20-mal

2) Hatten Sie in den letzten 12 Monaten eine Nadelstichverletzung gemäß o.a. Definition?

   ☐ Nein ☐ Ja, ca. _____ mal

3) Wozu wurde das Arbeitsmittel, an dem Sie sich verletzt haben, eingesetzt?

   (Mehrfachnennung möglich)

   Blutabnahme, venös ca. _____ mal

   Blutabnahme, arteriell ca. _____ mal

   Blutabnahme, kapillar ca. _____ mal

   Injektion i.v. ca. _____ mal

   Legen eines i.v. Zuganges ca. _____ mal

   Injektion i.m./s.c. ca. _____ mal

   Nähen ca. _____ mal

   Schneiden ca. _____ mal

   Sonstiges _____ ca. _____ mal

4) Wobei/wodurch ereignete sich der Unfall ?
   (Mehrfachnennung möglich)

   Während der Entsorgung ca.____mal

   Gegenstand ragte aus Entsorgungsbehälter ca.____mal

   Recapping (Aufsetzen der Schutzkappe auf die Kanüle) ca.____mal

   Beim Herausziehen der Kanüle aus Vene/Gewebe ca.____mal

   Aufziehen eines Medikamentes ca.____mal

   Übergeben des Arbeitsmittels ca.____mal

   Entsorgung von Abwurfbehältern, Müll o.ä. ca.____mal

   Schneiden ca.____mal

   Nähen ca.____mal

   Plötzliche Bewegung des Patienten ca.____mal

   Kontakt mit einem herumliegenden Gegenstand (Kanüle, Skalpell etc.) ca.____mal

   Bei der Punktion ca.____mal

   Sonstiges _____ ca.____mal

5) Wo ereignete sich der Unfall?

   Abteilung/Station _____

   Bezeichnung der Räumlichkeit _____

   (Patientenzimmer; Schockraum; OP etc.)

6) Welche Art von Gegenstand verursachte den Unfall? (Mehrfachnennung möglich)

☐ Chirurgisches Instrument _____ ca. ____mal

☐ Kanüle/Spritze/Katheter ca. ____mal

☐ Glas ca. ____mal

7) Haben Sie zum Zeitpunkt des Unfalles Schutzhandschuhe getragen?

☐ Ja   ☐ Nein

8) Tragen Sie generell bei Ihrer Arbeit Schutzhandschuhe?

☐ während der gesamten Schicht

☐ nur beim Umgang mit infektiösem Material (Blut, Stuhl, Urin)

☐ nur gelegentlich

9) Welcher Art waren Ihre Verletzungen? (Mehrfachnennung möglich)

☐ oberflächlich (gering oder nicht blutend) ca. ____mal

☐ mäßig (Haut durchstochen, etwas blutend) ca. ____mal

☐ schwer (tiefer Einstich/Schnitt, stark blutend) ca. ____mal

10) Nehmen Sie bei der Gabe einer Injektion/Blutentnahme/Legen eines Zuganges etc. einen gelben Abwurfbehälter zur endgültigen Entsorgung der Kanüle mit ans Patientenbett?

☐ Ja   ☐ Nein

11) Ist jemand in Ihrem Bereich für das Aufstellen eines neuen Abwurfbehälters zuständig, wenn der alte Abwurfbehälter voll ist?

☐ Nein ☐ Ja , und zwar_____

12) Haben Sie Ihre Nadelstichverletzungen in der Notfallaufnahme gemeldet?

☐ alle ☐ keine ☐ nur ___NSV

13) Haben Sie Ihre Nadelstichverletzung in das Verbandsbuch eingetragen?

☐ Ja ☐ Nein ☐ nur ___NSV

14) Haben Sie einen ausreichenden Hepatitis-B-Impfschutz?

☐ Ja ☐ Nein ☐ weiß nicht

15) Welcher Tätigkeitsgruppe gehören Sie an?

☐ Ärztin/ Arzt
☐ Pflegepersonal auf Station
☐ OP-Personal
☐ Reinigungskraft
☐ Laborpersonal
☐ Küche
☐ Entsorgung

16) In welcher Abteilung/Station arbeiten Sie? _____
   _____

17) Ich habe noch folgende Anregung/Frage zum Thema NSV:
   _____
   _____
   _____
   _____

Herzlichen Dank für Ihre Mithilfe!

Angepasste Präventionsmaßnahmen gegen Nadelstichverletzungen am Klinikum der Region Hannover

STEFFI FILTER

1 Einführung

Die Klinikum Region Hannover GmbH ist ein Zusammenschluss von 12 ehemals kommunalen Krankenhäusern in der Trägerschaft der Region Hannover. 7.500 Mitarbeiter versorgen 115.000 stationäre Patienten pro Jahr, damit ist das Klinikum einer der größten öffentlichen Krankenhausträger in der Bundesrepublik. Der Betriebliche GesundheitsService der Landeshauptstadt Hannover – ein integrierter Dienst der Fachdisziplinen Arbeitssicherheit, Betriebsmedizin und Mitarbeiterberatung – betreut vier Krankenhäuser der GmbH per Dienstleistungsvertrag im Rahmen des Arbeitssicherheitsgesetzes.

In der Klinikum Region Hannover GmbH laufen seit mehreren Jahren Bemühungen, das Stichverletzungsgeschehen zu erfassen und zu senken. Der Grundstein hierfür wurde bereits in den Jahren 2001/2002 mit einem Projekt zur Prävention von Nadelstichverletzungen gelegt. Es basierte auf der Erkenntnis, dass in den von unserem Dienst betreuten Krankenhäusern eine hohe Dunkelziffer der gemeldeten Nadelstichverletzungen besteht. Im Rahmen des Projekts wurden daher Recherchen in verschiedenen medizinischen Bereichen eines Krankenhauses (interdisziplinäre Ambulanz und internistische Station) zum Ursachengefüge von Stichverletzungen durchgeführt, deren Auswertung in einem Maßnahmenpaket zur Vermeidung von Stichverletzungen mündete.

Präventionsmaßnahmen

Das Projekt war interdisziplinär angelegt, d.h. neben Vertretern der Krankenhausführung, der ausgewählten medizinischen Kliniken sowie den Fachdisziplinen Arbeitssicherheit und Betriebsmedizin waren Mitarbeiter der Hygiene und des Umweltschutzes beratend eingebunden. Die Projektergebnisse fließen nach wie vor in die aktuelle Arbeit zur Vermeidung von Nadelstichverletzungen ein. Unter anderem wurden bereits 2002 und 2005 erste Erprobungen von verschiedenen stichsicheren Systemen durchgeführt.

Die unterschiedlichen Ansatzpunkte zur Vermeidung sowie zur besseren Erfassung von Nadelstichverletzungen werden nachfolgend dargestellt.

2 Ursachenermittlung von Nadelstichverletzungen (NSV)/Unfallgeschehen

Eine wesentliche Grundlage für die Prävention von Nadelstichverletzungen ist die Kenntnis der Ursachen der Nadelstichverletzungen. Bei Meldungen wie „Beim Abwerfen der Butterfly-Nadel in den Abwurfbehälter in den rechten Zeigefinger gestochen" wird zwar beim Lesen der Unfallmeldung schon deutlich, dass sich die NSV bei der Entsorgung ereignete, ausreichende Ansätze für konkrete Maßnahmen liefert die Aussage jedoch nicht. Hierzu müssen auch Fragen geklärt werden wie z.B.

- war der Abwurfbehälter direkt am Ort des Eingriffs positioniert?
- war der Abwurfbehälter überfüllt?
- war er in Größe, Volumen, Öffnung und Aufstellung geeignet für die Entsorgung von Butterflys?

Eine konkrete, ortsbezogene Auswertung von NSV und die Analyse der jeweiligen Arbeitsabläufe und -prozesse ist daher unverzichtbar für die Entscheidung über effektive Präventionsmaßnahmen. Großes Augenmerk ist dabei auf die flächendeckenden Erfassung der Nadelstichverletzungen und damit auf die Verbesserung des Meldeverhaltens der MitarbeiterInnen zu richten.

Präventionsmaßnahmen

In den von uns betreuten Krankenhäusern gibt es eine Dienstanweisung zum Unfallmeldewesen. Nadelstichverletzungen werden grundsätzlich als Arbeitsunfälle betrachtet. Sie sind nicht im Verbandbuch einzutragen, sondern als Arbeitsunfälle mit dem entsprechenden Unfallmeldeformular zu melden. So erhalten der Arbeitgeber und die Sicherheitsingenieure/Sicherheitsfachkräfte Kenntnis von den NSV und können vor Ort die Unfallursachen recherchieren.

Um Abläufe für die MitarbeiterInnen zu vereinfachen, ist das Unfallmeldeformular im betriebseigenen Intranet hinterlegt und muss zeitsparend auch nur in bestimmten Kernaussagen vor Ort ausgefüllt werden (wer, wann, was, wo). Grundsätzlich gilt: Die Meldewege im Unternehmen müssen klar definiert und bekannt sein, das Meldeverfahren muss einfach handhabbar sein.

Die Unfallmeldung ist gemeinsam mit der/dem direkten Vorgesetzten auszufüllen. Dadurch soll sichergestellt werden, dass die Vorgesetzten in ihrem Zuständigkeitsbereich direkt und zeitnah Maßnahmen zur Vermeidung ähnlicher Unfälle einleiten können.

Da NSV in der Regel nicht mit Ausfallzeiten verbunden sind, verbleiben die Unfallmeldungen im Betrieb (internes Unfallmeldeverfahren).

Der Betriebsärztliche Dienst erhält eine Kopie der durchgangsärztlichen Meldung und gewährleistet die medizinische Nachsorge nach NSV (siehe auch Abschnitt 4).

Seit Einführung dieses Verfahrens 2002 hat sich das Meldeverhalten spürbar verbessert. Noch immer klaffen jedoch erhebliche Lücken zwischen den tatsächlich dem Arbeitgeber als Arbeitsunfall gemeldeten NSV und den durchgangsärztlich versorgten NSV (durchgangsärztliche Versorgung erfolgt in der Regel in den Ambulanzen der einzelnen Krankenhäuser.) Das Verhältnis liegt bei etwa eins zu vier.

Um auch die Daten aus den D-ärztlich gemeldeten NSV in die Diskussion um geeignete Präventionsmaßnahmen auf Unternehmensebene einfließen lassen zu können, bietet der Betriebsärztliche Dienst seit dem Jahr

2005 eine Auswertung dieser Meldungen an. Die ersten Ergebnisse zeigen klare Tendenzen bei bestimmten Kriterien wie berufsgruppenbezogene Stichverletzungsrate, unfallverursachende Tätigkeit oder Verletzungsgegenstand.

Auch wenn man die z.T. lückenhafte Dokumentation in den D-ärztlichen Meldeformularen berücksichtigt (fehlende Angaben bei bestimmten Kriterien bis zu 30%) sowie den Umstand, dass nach wie vor nicht alle NSV auch D-ärztlich versorgt werden, ergibt sich durch die Auswertung und Zusammenführung dieser Daten aus den einzelnen Krankenhäusern erstmalig ein erheblich verbesserter Überblick über das Stichverletzungsgeschehen. Entsprechende Erkenntnisse können u.a. in die Prioritätensetzung bei der Einführung stichsicherer Systeme einfließen, z.B. vorrangige Einführung von Systemen, bei deren Handling besonders viele NSV auftreten.

Daher ist es empfehlenswert, die Auswertung der D-ärztlichen Meldungen als Routinen zu etablieren. Die daraus resultierenden Daten sind nach unseren jetzigen Erfahrungen eine effektive und aussagekräftige Ergänzung bei der Auswertung des Stichverletzungsgeschehens.

Diese Auswertung ersetzt jedoch nicht die betriebliche Unfallmeldung bei NSV. Aufgrund des Datenschutzes bei D-ärztlichen Meldungen wird die konkrete NSV dem Arbeitgeber erst durch die betriebliche Unfallmeldung bekannt und damit eine fallbezogene Auswertung und Einleitung ortsbezogener, zeitnaher Präventionsmaßnahmen ermöglicht.

3 Technische Maßnahmen zur Prävention von NSV

Insbesondere vor dem Hintergrund der novellierten TRBA 250 hat die Umsetzung technischer Maßnahmen in Form der Einführung stichsicherer Systeme gemäß der Rangfolge der Schutzmaßnahmen (geregelt im § 4 Arbeitsschutzgesetz) absoluten Vorrang. Sehr gute Erfahrungen liegen in unserem Betreuungsbereich für den Einsatz unterschiedlicher stichsiche-

Präventionsmaßnahmen

rer Lanzetten vor (Abbildung 1). Seit Einführung dieser Systeme in einzelnen Krankenhäusern gibt es so gut wie keine Unfallmeldungen mehr, die auf den Einsatz von Lanzetten zurückzuführen sind.

Abbildung 1: Automatische Lanzetiergeräte mindern das Risiko für Nadelstichverletzungen.

Die Einführung anderer Systeme, z.B. stichsicherer Venenverweilkanülen, befindet sich aktuell (Juni 2007) in der Entscheidungsphase. Grundsätzlich ist nach unseren Erfahrungen vor Einführung stichsicherer Systeme Folgendes zu beachten:

- Die Systeme sind ausreichend vom Nutzer zu erproben. In die Bewertung müssen neben der Stichsicherheit auch patientenorientierte Kriterien wie Punktionsverhalten und Handhabbarkeit einfließen.
- Vor einem Wechsel von Systemen sind die MitarbeiterInnen mit ausreichend zeitlichem Vorlauf zu informieren.
- Die Anwender sind vor Einführung/Anwendung in der Handhabung der Instrumente zu schulen und sicherheitstechnisch zu unterweisen.

Von einer isolierten Einführung stichsicherer Systeme in bestimmten Bereichen (Insellösungen), z.B. den in der TRBA 250 aufgeführten Risikobereichen, ist nach unserer Einschätzung eher abzuraten. Da Personal immer häufiger flexibel eingesetzt wird oder z.b. in interdisziplinären Ambulanzen Ärzte unterschiedlicher Fachrichtungen temporär arbeiten, ist eine ausreichende Routine mit den Systemen sowie angemessene Schulung nur schwer sicherzustellen.

4 Organisatorische Maßnahmen zur Prävention von NSV

Beispiele dafür, dass regelmäßig Nadelstichverletzungen durch mangelhafte Arbeitsorganisation hervorgerufen werden, liefern die folgenden Auszüge aus Unfallmeldungen:

„Beim Patientenversorgen NSV durch Blutabnahmenadel, die auf Patiententisch abgelegt war."

„Blutlanzette im Bett des Patienten, beim Bettenmachen damit gestochen."

„Beim Transport des Müllsacks zum Sammelbehälter stach ich mir in den linken Oberschenkel."

All dies sind klassische Unfallsituationen, in deren Ursachengefüge organisatorische Aspekte eine wichtige Rolle spielen. Neben fehlendem oder ungeeignetem Material gehören weiterhin beengte räumliche Bedingungen, Stress und Hektik, fehlende Einweisung und unklare Zuständigkeiten zu den Gründen für Nadelstichverletzungen, die mit „unzureichender Arbeitsorganisation" überschrieben werden können. Oft können folgende Maßnahmen der Arbeitsorganisation zu einer Senkung des Stichverletzungsgeschehens führen:

- Zur Vorbereitung perkutaner Eingriffe müssen ausreichende Arbeitsflächen bereitstehen. Arbeitsflächen sind so anzuordnen, dass sie nicht unmittelbar in Durchgangsbereichen oder an Verkehrswegen liegen.
- Die Materialien für die Arbeit am Patientenbett, z.B. zur Blutabnahme, sind adäquat vorzubereiten; eine Entlastung bieten u.a. Spritzentabletts, auf denen alle benötigten Materialien übersichtlich angeordnet sind

und die über Einsätze oder Befestigungsmöglichkeiten für einen integrierten Abwurfbehälter verfügen.
- Tabletts und Pflegearbeitswagen sind so auszuwählen, dass sie den Anforderungen der Station in Menge und Größe entsprechen.
- Kontaminiertes Material darf nicht für andere Zwecke weiterbenutzt werden, z.B. kontaminierte Scheren zum Öffnen von Verpackungen.
- Werden Instrumente zur Sterilisation weitergegeben, sind die Siebe so zu packen, das stechendes Material nicht hinausragt oder die Siebe überfüllt sind.

4.1 Sichere Entsorgung kontaminierter Instrumente

Die Entsorgung kontaminierter Instrumente zählt auch im Klinikum Region Hannover GmbH zu einer der häufigsten Unfallursachen bei NSV (Abbildung 2 – 4). Problematisch ist die Entsorgung insbesondere auch deshalb, da immer wieder auch nachsorgendes Personal aus den Bereichen Hauswirtschaft oder Transportdienst von NSV betroffen ist. Eine so genannte Spenderrecherche zur besseren Einschätzung des konkreten Infektionsrisikos ist hier in der Regel nicht möglich. Die Folge sind häufig große persönliche Unsicherheit und Ängste über einen längeren Zeitraum.

Abbildung 2-4: Beispiele für unfallträchtige Entsorgungssituationen (von links nach rechts): überfüllter Entsorgungsbehälter, mangelhaft befestigter Entsorgungsbehälter, ungeeigneter Entsorgungsbehälter.

Präventionsmaßnahmen

Bei der Umsetzung von Präventionsmaßnahmen zur sicheren Entsorgung spielen sowohl technische als auch organisatorische Faktoren eine Rolle.

In *technischer* Hinsicht müssen Abwurfbehälter u.a. folgende Merkmale aufweisen:

- Ausreichende Standsicherheit, ggf. Befestigungshilfen für die Anbringung an den Pflegearbeitswagen;
- Funktionale Vorrichtungen zum Abstreifen von Kanülen, ausreichend große Abwurföffnungen;
- Durchstichsicherheit und Bruchfestigkeit;
- Sicherheitsverschluss;
- Markierung des maximal zulässigen Füllstandes;
- Kennzeichnung der gefüllten Behälter nach den Vorgaben der BiostoffV.

Anhand dieser Kriterienliste wurden die Abwurfbehälter im Klinikum Region Hannover GmbH in Zusammenarbeit mit dem Einkauf weitgehend standardisiert.

Hinsichtlich *Arbeitsorganisation* tragen insbesondere folgende Aspekte zur Vermeidung von NSV bei:

- Es werden Abwurfbehälter bereitgestellt, die dem Abfallgut in Menge und Größe entsprechen.
- Die Behälter werden standsicher aufgestellt, die Abwurföffnungen müssen frei zugänglich sein.
- Die Abwurfbehälter stehen grundsätzlich am Verwendungsort der gefährlichen Gegenstände zur Verfügung, also im Patientenzimmer, auf dem Pflegearbeitswagen, auf dem Spritzen- oder Blutabnahmetablett, auf den Arbeitstischen zur Wundversorgung etc. (Abbildung 5).
- Kanülen werden nach Gebrauch nicht zwischengelagert, sondern unmittelbar nach Gebrauch entsorgt.

Präventionsmaßnahmen

- Die Abwurfbehälter werden nach Erreichen des zulässigen Füllstandes gewechselt; dazu sind in der Regel klare Zuständigkeiten zu schaffen. Vor dem Wechsel werden die Behälter sicher verschlossen.

Abbildung 5: Tablettsysteme reduzieren das Verletzungsrisiko, da stets alle notwendigen Materialien vor Ort sind.

4.2 Information, Schulung, Unterweisung

Auch gut durchdachte Regelungen nützen nichts, wenn sie den MitarbeiterInnen nicht bekannt sind. Der gesamte Komplex „Prävention von NSV" fällt in den Bereich der Biostoffverordnung und ist im Zusammenhang mit dem Arbeitsschutzgesetz sowie den berufsgenossenschaftlichen Vorschriften regelmäßig unterweisungspflichtig. Diese Unterweisungen sind in Verantwortung der örtlich zuständigen Leitungen durchzuführen und müssen die örtlichen Gegebenheiten und Gefährdungssituationen (Gefährdungsbeurteilung) berücksichtigen.

Präventionsmaßnahmen

- Die Basis für die Unterweisung bildet die vom Unternehmer bzw. der im Arbeitsschutz verantwortlichen Person zu erstellende Betriebsanweisung für den Umgang mit spitzen, scharfen Gegenständen. Die Unterweisung muss auch die Einweisung in die richtige Handhabung von Arbeitssystemen umfassen und den Beschäftigten Kenntnisse über verletzungsarme Arbeitstechniken (z.b. Recappingverbot, sicherer Nadelwechsel beim PEN) vermitteln.

- Die Unterweisung muss *vor* Aufnahme der gefährlichen Tätigkeit erfolgen und jährlich sowie bei Änderung der Arbeitsbedingungen aktualisiert werden. Unterweisungen müssen dokumentiert werden (Unterweisender, Gegenstand der Unterweisung, Teilnehmer).

- Es ist zwingend zu regeln, wie und von wem die zeitweilig Beschäftigten, also PJ-Studenten, Gastärzte, Schüler und Aushilfen unterwiesen werden. Die Erfahrung zeigt, dass die Zuständigkeiten für diese Personengruppen häufig nicht eindeutig zugeordnet sind. Andererseits ist bekannt, dass gerade für temporär Beschäftigte und in der Ausbildung befindliche Personen ein erhöhtes Stichverletzungsrisiko besteht bzw. durch sie Situationen verursacht werden, die NSV begünstigen (z.B. Zwischenlagern gebrauchter Kanülen, Abwurf in Abfallsäcken etc).

- Empfohlen wird die Definition sicherer Arbeitsweisen im Rahmen der Pflegestandards.

- In den Krankenhäusern werden zusätzlich über die Fachdisziplinen Arbeitssicherheit/Betriebsmedizin Schulungen zum Thema Umsetzung der Biostoffverordnung angeboten. Im Intranet sind Materialien für Vorgesetzte zur Schulung der MitarbeiterInnen hinterlegt.

- Jede Station verfügt über einen Arbeitssicherheitsordner, in dem alle Dokumente zum Arbeits- und Gesundheitsschutz inklusive der Unterweisungsnachweise hinterlegt werden.

Grundsätzlich sind die geschilderten organisatorischen Fragestellungen im Rahmen der Gefährdungsbeurteilung aufzuarbeiten. Erst in diesem Zusammenhang sind die in der TRBA 250 geforderten sicheren Arbeitsabläufe definierbar, die im Einzelfall ein Abweichen vom Einsatz stichsicherer Systeme rechtfertigen können.

5 Vorgehen nach Nadelstichverletzungen

Alle bisher geschilderten Maßnahmen und Strategien dienen der Vermeidung von Nadelstichverletzungen. Es wird aber wahrscheinlich auch in Zukunft nicht gelingen, das Stichverletzungsrisiko völlig auszuschließen. Daher sind klare Konzepte für das Vorgehen nach Stichverletzungen erforderlich, die in der konkreten Situation schnelles Handeln ermöglichen, indem sie Unsicherheiten vermeiden und so helfen, das Infektionsrisiko so gering wie möglich zu halten. Vor diesem Hintergrund wurden im Unternehmen unter fachlicher Leitung des Betriebsärztlichen Dienstes folgende Verfahren etabliert und in den betrieblichen Ablauf überführt:

- Standardisierung des Ablaufes nach NSV in Absprache mit den interdisziplinären und den Notfallambulanzen einschließlich Festlegung der notwendigen Laborparameter, Organisation der Zusammenarbeit und des Datenaustausches.

- Organisation der Nachsorge nach NSV durch den Betriebsärztlichen Dienst.

- Regelungen zur Postexpositionsprophylaxe (PEP) nach gesichertem HIV-Kontakt, einschließlich Festlegung der organisatorischen Abläufe, der Bereitstellung der Medikamente und der Anlaufstellen zur Fortführung der HIV-PEP.

- Definition der notwendigen medizinischen Sofortmaßnahmen und organisatorischen Abläufe nach NSV für MitarbeiterInnen.

- Intensive Schulung der MitarbeiterInnen über das Vorgehen nach NSV in Einzelgesprächen sowie im Rahmen von Schulungen im Zusammenhang mit der Umsetzung der BiostoffV.

6 Schlussbemerkung

Abschließend bleibt festzustellen, dass die MitarbeiterInnen durch die bereits durchgeführten Maßnahmen des Klinikums in den letzten Jahren sensibler für das Thema Nadelstichverletzung geworden sind. Das Meldeverhalten hat sich dadurch bereits spürbar verbessert. Die Schulungen und Unterweisungen zur Vermeidung von Stichverletzungen sowie zum Verhalten nach NSV einschließlich Unfallmeldung sind jedoch immer wieder zu aktualisieren. Unabdingbar ist es, bereits in der Ausbildung z.B. der PflegeschülerInnen sowie in Einarbeitungsprozessen das Wissen um NSV sowie die Abläufe und Verfahren nach NSV zu vermitteln.

NSV sind jedoch nach wie vor die häufigste Unfallart in den von uns betreuten Krankenhäusern, und es gibt eine erhebliche Dunkelziffer. Die Einführung stichsicherer Systeme wird deutlich zu einer Reduzierung dieser Unfallart beitragen. Die Mehrheit der oben geschilderten Präventionsmaßnahmen wird dessen ungeachtet unabhängig davon ihren Sinn behalten.

Einsatz sicherer Venenverweilkatheter im Rettungsdienst – Ein Erfahrungsbericht

HUBERTUS VON SCHWARZKOPF

1 Einführung

Der Betriebsärztliche Dienst des Klinikums Bremen-Mitte, einem Krankenhaus der Maximalversorgung, betreut seit dem 01.03.2003 auch den Kreisverband des Deutschen Roten Kreuz. Damit ist der Betriebsärztliche Dienst auch für den Rettungsdienst an vier Rettungswachen mit insgesamt 62 RettungsassistentenInnen zuständig. Der Schutz vor beruflich erworbenen Infektionen steht seit mehr als 15 Jahren auf der Agenda; so wurden in den letzten Jahren beispielsweise folgende Projekte durchgeführt:

- Bremer Kampagne „Sinnvoller Arbeitsschutz im Gesundheitswesen" von 1989 bis 1996. Themen: Infektionsschutz, Hautschutz, Aerosole.
- Einführung und Optimierung neuer Produkte wie Handschuhe, Gesichtsschutz, Abwurfsysteme, Schutzmasken.
- Standardisierung und stetige Optimierung der Angebote an Impfungen und Postexpositionsprophylaxen.
- Vereinheitlichung von Verfahren zu Meldung, Dokumentation und Auswertung von Unfällen, insbesondere von Schnitt- und Stichverletzungen.
- Probeläufe von „stichsicheren" Produkten.

2 Schutz vor Stich- und Schnittverletzungen

Die in den letzten Jahren verstärkt in den Focus gerückte Thematik der sicheren Systeme zum Schutz vor gefährlichen Blutkontakten führte am Klinikum Bremen Mitte zu einzelnen Probeläufen und Projekten, die meist unter Beteiligung der Herstellerfirmen durchgeführt wurden. Bei der Recherche zu diesem Thema zeigte sich, dass sich die Vorgehensweise anderer Krankenhäuser und Rettungsdienste ähnlich darstellt: meist wird nicht systematisch bzw. standardisiert vorgegangen. In den unterschiedlichen Einrichtungen gibt es eine Vielzahl verschiedener Konzepte und Umgangsweisen mit dem Thema.

So unterschiedlich die Ergebnisse auch sind, die Einführung sicherer Instrumente ist über Jahre im Stadium der Probeläufe geblieben. Erst seit kurzem gibt es erste Ansätze für einen flächendeckenden Einsatz. Jedoch führen Schwierigkeiten bei der Integration in die vorhandenen Arbeitsabläufe und mangelnde Kompatibilität zu herkömmlichen Produkten nicht selten zu einer fehlenden Akzeptanz bei den betroffenen Berufsgruppen.

In der BGR/TRBA 250 „Biologische Arbeitsstoffe im Gesundheitswesen und der Wohlfahrtspflege" wird seit 2003 gefordert, dass sichere Systeme eingesetzt werden sollen. Die Neufassung des Abschnitts 4.2.4 (7/2006) sieht eine verbindliche Einführung der sicheren Systeme für bestimmte Tätigkeiten und Bereiche vor, in denen mit einer höheren Infektionsgefährdung oder Unfallgefahr gerechnet werden muss. Hier sind unter anderem auch Tätigkeiten im Rettungsdienst und in der Notfallaufnahme explizit erwähnt.

In einer Posterpräsentation zum Thema „Gefährdungen durch Blutkontakte im Rettungsdienst" von Kralj, Wittmann, Wolf und Hofmann auf dem 20. Freiburger Symposium „Arbeitsmedizin im Gesundheitswesen" wurde auf die speziellen Gefährdungen im Rettungsdienst eingegangen [1]. Die Studie beurteilte die Gefährdung durch Blutkontakt an elf Rettungswachen in Baden Württemberg und Nordrhein-Westfalen. Die Untersuchungen ergaben, dass sich MitarbeiterInnen, die im Schichtdienst, an räumlich beengten, schlecht beleuchteten Orten oder unter Stresseinfluss arbeiten und PatientInnen versorgen müssen, durchschnittlich öfter eine Nadelstichverletzung zuziehen als Vergleichsgruppen ohne diese speziellen Belastungsfaktoren. Diese Verhältnisse sind im Rettungsdienst eher die Regel als die Ausnahme; trotzdem wurde weiter ausgeführt, dass sich in den letzten zwölf Monaten nur rund 13% der befragten Rettungsdienstmitarbeiterlnnen an einem spitzen oder scharfen Gegenstand, der mit Blut oder anderen Körperflüssigkeiten verunreinigt war, verletzt hatten. Auffällig war, dass das Instrument, mit dem die Verletzung verursacht wurde, in 36% der Fälle eine Venenverweilkanüle war.

3 Vorgehen und Erfahrungen beim Rettungsdienst des DRK in Bremen

Im Mai 2004 initiierte der Ärztliche Leiter der Rettungsdienste Bremens ein erstes Treffen zum Thema Standardisierung von Sicherheitsprodukten (u.a. Schutzkleidung, Desinfektion und sichere Produkte) in den am Rettungsdienst beteiligten Organisationen (Feuerwehr, Deutsches Rotes Kreuz, Arbeiter-Samariter-Bund). Eine Vereinheitlichung bei der Schutzkleidung und bei Maßnahmen der Desinfektion konnte relativ zügig erreicht werden. Zum Thema stichsicherer Produkte wurde gemeinsam das weitere Vorgehen festgelegt:

Der erste Schritt bestand in einer Sichtung des Marktes für stichsichere Produkte, insbesondere der im Rettungsdienst überwiegend verwendeten Venenverweilkatheter. Schließlich wurden Probeläufe mit zwei Modellen durchgeführt. Dies waren die Produkte Safelon Pro[2] der Firma Becton Dickinson und Vasofix safety der Firma B. Braun Melsungen AG. Beide Pro-

---

[2] In dieser Ausführung nicht mehr erhältlich

dukte wurden im Zeitraum von Juli bis Oktober 2004 eingesetzt. Die Auswertung der praktischen Ergebnisse erbrachte Vorteile in der Handhabung für das Braun-Produkt. Nach gemeinsamer Sichtung der Bewertungen durch die RettungsassistentInnen entschied sich der Ärztliche Leiter der Rettungsdienste Bremen für den Einsatz des favorisierten Produktes.

Die Beschaffung und Einführung auf allen Wagen begann im Dezember 2004. Die heute vorliegenden Erfahrungen aus fast zwei Jahren sind durchweg positiv. Diese decken sich auch mit denen anderer Rettungsdienste.

Die Einführung der sicheren Produkte wurde durch Schulungsmaßnahmen zu Infektionsgefährdungen im Rettungsdienst auf Grundlage der Biostoffverordnung und zur richtigen Handhabung sicherer Produkte begleitet. Realisiert wurde dies auf zwei zentralen Veranstaltungen für alle Rettungsdienste Bremens. Diese wurden ergänzt durch Unterweisungen/Schulungen auf den Wachen.

3.1 Günstige Voraussetzungen

Rettungsdienste zeichnen sich in der Regel dadurch aus, dass sie straff organisiert sind und zielorientiert Entscheidungen treffen. Dies insbesondere auch, wenn es den persönlichen Schutz des Personals betrifft. Ferner gibt es überproportional viele RettungsassistentInnen, die ein technisches Grundinteresse mitbringen und somit für technische Neuerungen aufgeschlossen sind.

Last but not least ist es im Vergleich zum Krankenhaus einfacher, auch Entscheidungen für neue Produkte zu treffen, da die durch die Einführung sicherer Produkte entstehenden Mehrkosten über die mit den Krankenkassen vereinbarten Pauschalen abgerechnet werden können. In anderen Einrichtungen des Gesundheitswesens können entsprechende Mehrkosten meist nicht in Rechnung gestellt werden.

3.2 Probleme an der Schnittstelle Rettungsdienst/Krankenhaus

Als ein Problem bei der weiteren Versorgung/der Übergabe der PatientInnen in den Krankenhäusern stellte sich heraus, dass in den Krankenhäusern nicht immer geeignete Mandrins (um den Verweilkatheter auch ohne Infusion gängig zu halten) zur Verfügung standen. Da die auf dem Markt befindlichen Produkte nicht alle untereinander kompatibel sind, sind weitere Probleme an den Schnittstellen in der Patientenversorgung zu erwarten (Übergang Rettungsdienst – Krankenhaus, Notfallaufnahme – Pflegestationen). Bei Insellösungen in einzelnen Einrichtungen oder Regionen sind daher Probleme zu erwarten.

3.3 Erfolg der Einführung sicherer Verweilkatheter

In nahezu allen Rettungsdiensten findet eine Unfalldokumentation statt, entweder über Meldebögen oder in Verbandsbüchern. Unseres Wissens nach gibt es aber nur im Rahmen von Studien genaue Auswertungen der Unfallereignisse. Beispielsweise erfolgt selten eine Verknüpfung der Unfallsituation mit dem unfallauslösenden Instrument/Gerät.

Beim Rettungsdienst des Deutschen Roten Kreuzes, Kreisverband Bremen, ist eine verbesserte Unfalldokumentation im Aufbau. Noch ist es aber schwierig, eine Prä-/Postevaluation durchzuführen, die sowohl die Arbeitssituation als auch die Gefährdungen und die durch Nadelstichverletzungen verursachten Kosten sauber berücksichtigen kann. Allerdings ist im betreuten Rettungsdienstbereich durch die Einführung stichsicherer Produkte ein Rückgang der Stichverletzungen gegen Null festzustellen.

4 Fazit

Zusammenfassend lässt sich sagen, dass sich das durch den Ärztlichen Leiter der Rettungsdienste koordinierte Vorgehen in Bremen für alle Seiten bewährt hat. Die Einführung einer sicheren Verweilkanüle nach einer Erprobungsphase mit mehreren unterschiedlichen Kanülen führte weder beim ärztlichen Personal noch bei den RettungsassistentInnen zu Handhabungsproblemen. Nach der Einführung der Sicherheitsvenenverweilkanüle tendiert die Anzahl der Stichverletzungen im Rettungsdienst nun gegen Null. Schwierigkeiten gab es nur an den Schnittstellen zwischen Rettungsdienst und den Krankenhäusern; damit es bei der Weiterversorgung weiterhin nicht zu Mehraufwand kommen muss, besteht hier eine wesentliche Aufgabe der Industrie, die Systeme kompatibel zu gestalten.

5 Literatur

[1] Kralj N, Wittmann A, Wolf M, Hofmann F (2006). Nadelstichverletzungen im Rettungsdienst. In: Hofmann F, Reschauer G, Stößel U (Hrsg) Arbeitsmedizin im Gesundheitsdienst. Bd.19. Freiburg im Breisgau: edition FFAS, 128-132

Neufassung der TRBA 250 – Konsequenzen für die Praxis aus Sicht einer Arbeitsschutzbehörde

Ulrike Swida

1 Einführung

Stich- und Schnittverletzungen, bei denen es zu Kontakten mit Patientenmaterial kommen kann, gehören im Gesundheitswesen zu den häufigsten Unfallursachen. Sie stellen aufgrund der damit verbundenen Infektionsrisiken ein bedeutsames Gesundheitsrisiko für die Beschäftigten dar. Dies betrifft insbesondere die blutübertragenen Viruserkrankungen Hepatitis B und C sowie HIV-Infektionen.

Mittlerweile gibt es eine Reihe von Studien zu Nadelstichverletzungen, welche sich mit den konkreten Ursachen, den Randbedingungen, den spezifischen Tätigkeiten, betroffenen Arbeitnehmergruppen und Fachgebieten sowie den dadurch entstehenden Kosten befassen. Allen gemein ist vor allem die Annahme einer sehr hohen Dunkelziffer ungemeldeter Stichverletzungen. Man geht davon aus, dass auf die in der Bundesrepublik im stationären Versorgungsbereich tätigen ca. 750.000 Beschäftigten pro Jahr mindestens 500.000 Nadelstichverletzungen kommen.

Die Infektionswahrscheinlichkeit bei Kontakt mit HI-, Hepatitis-B- oder Hepatitis-C-Viren ist unterschiedlich. Hat man verletzungsbedingt Kontakt mit dem Blut eines infizierten Spenders, so beträgt die Infektionswahrscheinlichkeit bei HIV ca. 1 : 200 (= 0,5%), bei HBV – vorausgesetzt man ist nicht geimpft – ca. 1 : 3 (= 33%) und bei HCV ca. 1 : 38 (= 2,7%) (Abbildung 1).

Sicht einer Arbeitsschutzbehörde

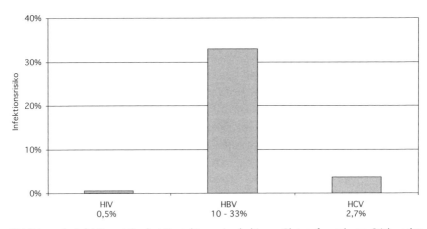

Abbildung 1: Infektionsrisiko bei Kontakt zu virushaltigem Blut aufgrund von Stich- oder Schnittverletzungen.

Stich- und Schnittverletzungen sind keine Bagatellverletzungen. Schon kleinste, d.h. auch nicht sichtbare Mengen an Blut können für eine Infektion genügen. In der einschlägigen Literatur werden bei einer signifikanten Virämie Viruskonzentrationen von 10^3 – 10^5/ml Blut und höher beschrieben. Bei hochvirämischen HBV- oder HIV-Trägern werden auch Viruskonzentrationen von 10^7 bis zu 10^{10} Virus-Äquivalenten/ml Blut gefunden (Tabelle 1).

Tabelle 1: Viruskonzentrationen unterschiedlicher Erreger im Blut Infizierter bei signifikanter Virämie.

HBV	10^5 – 10^{10} Virus-Äquivalente/ml Blut (max. 10^{14})
HCV	10^3 – 10^6 Virus-Äquivalente/ml Blut
HIV	10^5 – 10^{10} Virus-Äquivalente/ml Blut

Weniger als 50 Viren (man geht sogar von einzelnen Viren aus) genügen für eine Infektion. Ein typischer Nadelstich überträgt ca. 1 µl Blut, je nach

Instrumentenart auch mehr. Von daher ist das Risiko groß, bei jeder Verletzung eine potenziell ausreichende Infektionsdosis zu erhalten.

Die Ursachen für Stich- und Schnittverletzungen sind vielfältig. Dazu gehören der unsachgemäße Umgang mit den entsprechenden Instrumenten (wie z.B. das Aufstecken der Schutzhülle auf die gebrauchte Kanüle), die fehlerhafte Entsorgung (wie z.B. keine gesonderte Sammlung dieses Abfalls oder Nichtverwendung geeigneter Abfallbehälter) oder Fremdverschulden (wie z.B. plötzliche Patientenbewegung). Stich- und Schnittverletzungen geschehen in der Regel häufiger unter Stressbedingungen, wie z.B. in Notsituationen, oder nachts.

Durch den Einsatz von Instrumenten, welche über integrierte Schutzvorrichtungen verfügen, die nach Gebrauch sofort aktiviert werden, können Stich- und Schnittverletzungen verhindert werden. Mittlerweile befinden sich sichere Systeme der unterschiedlichsten Instrumentarten auf den Markt.

2 Rechtslage in Europa

Schon in der EU-Richtlinie 2000/54/EG [1], die Grundlage für die Biostoffverordnung [2] ist, wird explizit auf die Gefährdung durch biologische Arbeitsstoffe, welche in humanem Probenmaterial vorhanden sein können, und das durch die Art der Tätigkeit bedingte Verletzungsrisiko verwiesen. Die Europäische Agentur für Sicherheit und Gesundheitsschutz am Arbeitsplatz fordert schon im Jahr 2003 für den Bereich Gesundheitswesen ausdrücklich den Einsatz sicherer Systeme [3]. Dies wurde auch in einem Beschluss des Europäischen Parlaments im Juni 2006 aufgegriffen, der diesbezüglich noch konkretere Forderungen im EU-Regelwerk verlangt.

Eine Reihe von Ländern hat den Einsatz sicherer Instrumente im Gesundheitswesen schon zur Pflicht gemacht. So gibt es bereits in Frankreich (Circulaire DGS-DH No 98/249), Spanien (New Safety Law 2004) und England

(Strategy for Safety in the NHS; DoH guidance 2004) entsprechende verbindliche Regelungen. Die USA hatten bereits im Jahr 2000 den ausschließlichen Einsatz sicherer Systeme verfügt (Needlestick Safety and Prevention Act 6.11.2000).

3 Rechtslage in Deutschland

In Deutschland enthält die Technische Regel für Biologische Arbeitsstoffe TRBA 250 „Biologische Arbeitsstoffe im Gesundheitswesen und in der Wohlfahrtspflege" [4] Regelungen zur Prävention von Stich- und Schnittverletzungen auf drei Ebenen. Sie fordert

- den Einsatz sicherer Arbeitsgeräte, bei denen keine oder eine geringe Gefahr von Schnitt- und Stichverletzungen besteht,
- Maßnahmen zur sicheren Anwendung (kein Recapping, keine Manipulation der Geräte nach Gebrauch) und
- ein sicheres Entsorgungssystem für benutzte spitze, scharfe oder zerbrechliche Arbeitsgeräte.

Weiterhin werden die Dokumentation und die Etablierung eines Meldewesens entsprechender Verletzungen gefordert.

Durch die Änderung der TRBA 250 im Juli 2006 wird der Ersatz herkömmlicher schneidender und stechender Instrumente durch sichere Arbeitsgeräte wesentlich nachdrücklicher gefordert als zuvor. (Der Text der geänderten Version des Abschnittes 4.2.4 der TRBA 250 findet sich ab S. 116).

4 Bereiche und Tätigkeiten, bei denen der Einsatz sicherer Instrumente verpflichtend ist

In einer Reihe von Bereichen und Tätigkeiten ist der Einsatz sicherer Instrumente verpflichtend – vorausgesetzt, dass dies technisch möglich ist.

So muss der Arbeitgeber dafür Sorge tragen, dass bei der Behandlung von Patienten, welche nachgewiesenermaßen mit Krankheitserregern der Risikogruppen 3 und 3** sowie 4 infiziert sind, sichere Instrumente eingesetzt werden. Zu diesen Erregern zählen beispielsweise HIV, die blutübertragenen Hepatitis-Viren HBV, HCV und HDV, Gelbfieberviren oder die Erreger hämorrhagischer Fieber.

Weiterhin dürfen bei der Behandlung fremdgefährdender Personen nur sichere Instrumente zum Einsatz kommen. Damit sollen Schnitt- oder Stichverletzungen durch plötzliche nicht vorhersehbare Bewegungen, z.B. bei verhaltensgestörten oder behinderten Menschen, verhindert werden. Fremdgefährdend können ggf. auch gewaltbereite Personen sein.

In Bereichen, in denen aufgrund von Notfallsituationen besonders dringende oder gar lebensrettende Maßnahmen erfolgen müssen, wie in der Notfallaufnahme und im Rettungsdienst, sind Instrumente mit Sicherheitsmechanismen ebenfalls verpflichtend. Hier entstehen häufig besondere Stresssituationen, die leicht zu Stichverletzungen führen können.

In Gefängniskrankenhäusern sind herkömmliche Instrumente generell unzulässig. Hier sind die Gründe, die zu den vorgenannten Festlegungen geführt haben, häufig verstärkt vertreten: die Durchseuchung mit blutübertragbaren Krankheitserregern ist höher als in der Allgemeinbevölkerung und mit Kontakten zu gewaltbereiten und damit fremdgefährdenden Personen ist zu rechnen.

Die neue Fassung der TRBA 250 verlangt – ergänzend zu den vorgenannten Tätigkeiten bzw. Arbeitsbereichen – grundsätzlich den Einsatz sicherer Systeme, wenn Körperflüssigkeiten in infektionsrelevanter Menge übertragen werden können. Ausdrücklich werden hierbei Blutentnahmen und sonstige Punktionen zur Entnahme von Körperflüssigkeiten genannt. Allerdings kann unter bestimmten Umständen von dieser generellen Forderung abgewichen werden, wenn im Rahmen der Gefährdungsbeurteilung unter Mitwirkung des Betriebsarztes verletzungsminimierende Maßnahmen festgelegt werden können oder aufgrund des bekannten negativen Infektionsstatus des Patienten nicht mit einer Infektionsgefährdung zu rechnen ist. Im Rahmen der Gefährdungsbeurteilung sind dabei verschiedene Aspekte zu betrachten wie z.b.

- Bestandsaufnahme und Prüfung der möglichen Gefährdungen im betrieblichen Alltag,
- Art der verwendeten Instrumente, deren Handhabung und Verletzungsmöglichkeiten,
- Arbeitsabläufe und Zeitdruck,
- Patientenklientel.

So kann das Verletzungsrisiko beispielsweise durch konsequente Schulungen und Unterweisungen, festgelegte Arbeitsabläufe, bei denen nicht mit plötzlichem Stressaufkommen z.b. durch Zeitdruck zu rechnen ist und ein erprobtes, sicheres Entsorgungssystem, das auch den Schutz Dritter (z.B. Reinigungskräfte) gewährleistet, gemindert werden.

Lässt die Gefährdungsbeurteilung ein Abweichen von der grundsätzlichen Forderung sicherer Systeme zu, so ist dies gesondert zu dokumentieren.

5 Konsequenzen für die Praxis

Sichere Geräte verfügen über Sicherheitsmechanismen, wie z.B. Kanülenschutzschilde oder -hülsen, das Zurückziehen von Kanülen, Lanzetten oder Skalpellen in eine Schutzhülle oder das Stumpfwerden der Kanülen durch automatischen Nadelstichschutz. Sie dürfen den Patienten nicht gefährden. Die Auslösung des Sicherheitsmechanismus kann aktiv (durch den Benutzer) oder passiv erfolgen, muss aber auf jeden Fall irreversibel sein. In Tabelle 2 sind die wesentlichen Anforderungen zusammengefasst.

Tabelle 2: Wichtige Anforderungen an sichere Arbeitsgeräte nach Punkt 4.2.4 TRBA 250 Ziffer 7.

- Der Sicherheitsmechanismus ist Bestandteil des Systems und kompatibel mit anderem Zubehör
- Seine Aktivierung muss mit einer Hand erfolgen können
- Seine Aktivierung muss sofort nach Gebrauch möglich sein
- Der Sicherheitsmechanismus schließt einen erneuten Gebrauch aus
- Das Sicherheitsprodukt erfordert keine Änderung der Anwendungstechnik
- Der Sicherheitsmechanismus muss durch ein deutliches Signal (fühlbar oder hörbar) gekennzeichnet sein

Die Akzeptanz durch die Beschäftigten ist von grundlegender Bedeutung für die Etablierung sicherer Instrumente im Gesundheitswesen. Deswegen muss ihre Auswahl anwendungsbezogen erfolgen. Sichere Instrumente sollten ohne grundlegende Änderung der Arbeitsabläufe einsetzbar sein (die ggf. angepasst werden müssen) und eine gute Handhabbarkeit aufweisen. Um dies zu erreichen, ist zum einen wichtig, die Beschäftigten hinsichtlich der Gefährdungen durch Stich- und Schnittverletzungen noch stärker zu sensibilisieren; zum anderen ist ihre Einbeziehung bei der Auswahl und Erprobung sicherer Instrumente essenziell.

Eine weitere Voraussetzung für die Akzeptanz sicherer Instrumente ist die Vermittlung der sicheren Anwendung. Je nach Produkt und Schutzmechanismus sind spezielle Einführungen oder Schulungen notwendig, bei denen sich die Betroffenen mit der jeweiligen Handhabung vertraut machen können.

Es ist sicherlich kontraproduktiv, herkömmliche und sichere Instrumente im gleichen Arbeitsbereich zum Einsatz kommen zu lassen, auch wenn bestimmte Tätigkeiten nach dem Ergebnis der Gefährdungsbeurteilung dies zuließen. Stehen Instrumente gleicher Funktion in verschiedenen Ausführungen (z.b. mit Sicherheitsmechanismus und ohne) zur Verfügung, so kann dies zu Fehlern bei der Anwendung führen.

Vor einer Auswahl kann es sinnvoll sein, in kleinem Rahmen mit einer definierten Beschäftigtengruppe konsequent Erprobungen einzelner Instrumente über einen festgelegten Zeitraum durchzuführen. Die entsprechenden Erfahrungen können dann in die Entscheidung für ein bestimmtes System einfließen.

6 Übergangsfristen

Die neuen Regelungen der TRBA 250 sind mit ihrer Veröffentlichung im Juli 2006 im Bundesarbeitsblatt in Kraft getreten. Da sie erhebliche Konsequenzen für die Krankenhäuser haben, hat der Ausschuss für Biologische Arbeitsstoffe (ABAS) eine Umsetzungsfrist festgelegt. So dürfen Restbestände herkömmlicher Instrumente noch bis zum 1. August 2007 aufgebraucht werden. Dies gilt allerdings nicht bei der Behandlung von Patienten, die HIV-, HBV- oder HCV-positiv sind oder mit einem anderen Erreger der Risikogruppe 3, 3** oder 4 infiziert sind. Hier müssen unverzüglich Instrumente mit Sicherheitsmechanismen eingesetzt werden. Hinsichtlich der Neubeschaffung gelten jedoch bereits die Anforderungen des Abschnitts 4.2.4 der TRBA 250.

7 Literatur

[1] Richtlinie 2000/54/EU über den Schutz der Arbeitnehmer gegen Gefährdung durch biologische Arbeitsstoffe bei der Arbeit

[2] Verordnung über Sicherheits- und Gesundheitsschutz bei Tätigkeiten mit Biologischen Arbeitsstoffen (Biostoffverordnung – BioStoffV)

[3] Europäische Agentur für Sicherheit und Gesundheitsschutz am Arbeitsplatz: Factsheet 29 *http://osha.europa.eu*

[4] Technische Regel für Biologische Arbeitsstoffe TRBA 250 „Biologische Arbeitsstoffe im Gesundheitswesen und in der Wohlfahrtspflege". Bundesarbeitsblatt 11/2003, geändert im Bundesarbeitsblatt 7/2006

Umsetzung der TRBA 250 – Wie fange ich an?

FRED MEYERHOFF

Die Neubeschaffung sicherer Arbeitsgeräte hat ab sofort zu erfolgen. Zur Behandlung infizierter Patienten (Hepatitis B, Hepatitis C, HIV) dürfen ab sofort nur noch sichere Arbeitsgeräte zum Einsatz kommen. Ansonsten dürfen vorhandene Bestände konventioneller Arbeitsgeräte bis zum 01. August 2007 aufgebraucht werden.

Insbesondere Lanzetten und Venenverweilkanülen, aber auch Blutentnahmesysteme und Injektionssysteme sind bereits als erprobte und hinreichend ausgereifte sichere Arbeitsgeräte auf dem Markt erhältlich. Für andere Anwendungsbereiche trifft dies derzeit noch nicht zu.

Bei der Erprobung und Einführung sicherer Systeme sollten folgende Aspekte im Sinne einer Prioritätensetzung berücksichtigt werden

- Welche Bereiche weisen die höchste Gefährdung auf (potenziell übertragene Volumina, Zusammensetzung des Patientenkollektivs, Häufigkeit des Einsatzes, Rahmenbedingungen des Einsatzes)?
- Bei welchen Tätigkeiten bzw. in welchen Bereichen kommt es besonders häufig zu Nadelstichverletzungen? Dabei ist parallel zu prüfen, ob die bisherigen Verfahren eine vollständige Erfassung von Nadelstichverletzungen gewährleistet.
- Welche sicheren Arbeitsgeräte sind bereits ausreichend ausgereift und erprobt?

Die Systeme sollten unter Beteiligung der Mitarbeiter nach auseichender Schulung über einen angemessenen Zeitraum erprobt und das im Anschluss ausgewählte System dann flächendeckend eingeführt werden. Eine parallele Verwendung sicherer und konventioneller Arbeitsgeräte ist nicht sinnvoll (Tabelle 1).

Umsetzung der TRBA 250

Tabelle 1: Checkliste zur Beurteilung sicherer Arbeitsgeräte (nach [1]).

Kriterien	Produkt A	Produkt B	Produkt C
Die Sicherheitseinrichtung kann problemlos aktiviert werden			
Die Sicherheitseinrichtung erlaubt eine ausreichende Sicht auf das Arbeitsfeld			
Die Anwendung des neuen Produktes erfordert nicht mehr Zeit als das herkömmliche System			
Die Sicherheitseinrichtung beeinträchtigt nicht den Hautdurchstich			
Die Anwendung des neuen Produktes erhöht nicht die Zahl der erforderlichen Einstiche beim Patienten			
Der Patient beklagt keine vermehrten Schmerzen bei der Anwendung des neuen Produktes			
Man kann gut erkennen, ob die Sicherheitseinrichtung aktiviert wurde			
Die Sicherheitseinrichtung funktioniert zuverlässig			
Die Sicherheitseinrichtung wird immer benutzt			
Die Sicherheitseinrichtung gewährleistet einen erhöhten Schutz bei der Entsorgung			
Bei Lanzetten: der Blutfluss ist ausreichend			
Insgesamt beurteile ich das Produkt als gut handhabbar/praktikabel			
Ich würde das neue Produkt nach Beendigung der Testphase gerne weiter einsetzen			

Bewertungsskala: trifft voll zu = Note 1; trifft eher zu = Note 2; trifft eher nicht zu = Note 3; trifft nicht zu = Note 4

Literatur

[1] Wiedemann U, Zapf B (2006) Stichsichere Systeme in Krankenhäusern – Ergebnisse eines Praxistests. Unfallversicherung aktuell, Bayerischer Gemeindeunfallversicherungsverband Heft 4: 16-20

[2] BGW-Merkblatt „Risiko Virusinfektion" (M 612/613), u.a. Produktübersicht zum Schutz vor Kanülenstichverletzungen, unter www.bgw-online.de → Suche mit „Nadelstiche"

Vorgehen staatlicher Aufsichtsbehörden nach der Neufassung der TRBA 250 am Beispiel von Niedersachsen

STEFAN BAARS

1 Einführung

Die Technischen Regeln für Biologische Arbeitsstoffe (TRBA) geben den Stand der sicherheitstechnischen, arbeitsmedizinischen, hygienischen sowie arbeitswissenschaftlichen Anforderungen bei Tätigkeiten mit Biologischen Arbeitsstoffen wieder. Sie werden vom Ausschuss für Biologische Arbeitsstoffe (ABAS) aufgestellt und von ihm der Entwicklung entsprechend angepasst. Nach § 17 Absatz 4 der Biostoffverordnung (BioStoffV) [1] kann das Bundesministerium für Wirtschaft und Arbeit diese Regeln, Erkenntnisse und Verfahrensregeln im Bundesarbeitsblatt bekannt geben. Am ersten Tag des auf die Bekanntmachung folgenden Monats treten die Regeln in Kraft.

Das Arbeitsschutzgesetz (ArbSchG) [2] verlangt in seinen allgemeinen Grundsätzen vom Arbeitgeber, den oben erwähnten Stand von Technik, Arbeitsmedizin und Hygiene sowie sonstiger gesicherter arbeitswissenschaftlicher Erkenntnisse bei Maßnahmen des Arbeitsschutzes zu berücksichtigen (§ 4 Satz 3). Dabei haben technische Maßnahmen mit Bekämpfung der Gefahren an der Quelle Vorrang vor personenbezogenen Maßnahmen (§ 4 Sätze 2 und 5 ArbSchG). Bezogen auf Infektionsgefahren bedeutet dies, dass Arbeitsverfahren und technische Schutzmaßnahmen grundsätzlich so zu gestalten sind, dass biologische Arbeitsstoffe am Arbeitsplatz nicht frei werden (§ 10 Absatz 6 BioStoffV).

Die Wirksamkeit der Maßnahmen hat der Arbeitgeber zu prüfen und ggf. anzupassen (§ 3 Absatz 1 ArbSchG).

Der Arbeitgeber hat die für ihn zutreffende TRBA bei der Festlegung der erforderlichen Schutzmaßnahmen zu berücksichtigen (§ 10 Absatz 1 BioStoffV). Eine unmittelbare gesetzliche Verpflichtung zur Umsetzung der Technischen Regeln für Biologische Arbeitsstoffe ergibt sich hieraus hingegen nicht. Bei deren Anwendung wird jedoch die so genannte Vermutungswirkung ausgelöst. Es wird dann davon ausgegangen, dass der Arbeitgeber die Bestimmung der BioStoffV wie gefordert berücksichtigt hat. Andernfalls muss der Arbeitgeber nachweisen können, dass durch die von ihm gewählten Maßnahmen das Schutzziel ebenfalls gleichwertig erreicht wird. Die Rangfolge der Schutzmaßnahmen ist jedoch auch in diesem Fall zu beachten.

Verstöße gegen die Vorschriften der Biostoffverordnung bzw. des Arbeitsschutzgesetzes können durch die staatlichen Arbeitsschutzbehörden geahndet werden. Eine vorsätzliche oder fahrlässige Zuwiderhandlung wird als Ordnungswidrigkeit verfolgt. Wird durch die Zuwiderhandlung Leben oder Gesundheit eines Beschäftigten gefährdet, handelt es sich um eine Straftat.

Die TRBA 250 findet Anwendung auf Tätigkeiten mit biologischen Arbeitsstoffen im Gesundheitswesen und der Wohlfahrtspflege. Mit der Neufassung des Abschnitts 4.2.4 der TRBA 250 am 01.07.2006 sind die erforderlichen Maßnahmen zur Vermeidung von Nadelstichverletzungen und hier insbesondere der Einsatz sicherer Arbeitsgeräte gegenüber der ursprünglichen Fassung deutlich konkreter gefasst worden (siehe Beitrag S. 91, der Text der geänderten Version des Abschnittes 4.2.4 der TRBA 250 findet sich ab S. 116). Mit der Änderung wird nun auch für diesen Bereich der Vorrang der technischen Schutzmaßnahmen gegenüber organisatorischen und persönlichen Maßnahmen herausgestellt.

2 Welche Konsequenzen hat die Neufassung für das Vorgehen der staatlichen Aufsichtsbehörden?

Die Überwachung der Einhaltung des Arbeitsschutzgesetzes, der Biostoffverordnung und der hierzu bekannt gegebenen Regeln obliegt den staatlichen Arbeitsschutzbehörden der einzelnen Bundesländer. In Niedersachsen sind dies die Staatlichen Gewerbeaufsichtsämter. Da die Umsetzung des Arbeitsschutzrechts in die Hoheit der Länder fällt, ist ein bundeseinheitliches Vorgehen im Detail in der Regel unrealistisch. Um jedoch zumindest eine allgemeingültige Vereinbarung zur Umsetzungsfrist der TRBA 250 zu erreichen, hat der ABAS am 28.11.2006 den Aufsichtsbehörden der Länder und den Aufsichtsdiensten der gesetzlichen Unfallversicherungsträger empfohlen, im Rahmen der Verhältnismäßigkeit ein Aufbrauchen vorhandener Bestände spitzer oder scharfer medizinischer Instrumente bis zum 01. August 2007 zu tolerieren. Allerdings gilt dies nicht für die Behandlung und Versorgung von Patienten, die nachgewiesenermaßen durch Erreger der Risikogruppe 3 (einschließlich Risikogruppe 3**) oder höher infiziert sind. Hier hat die Umsetzung unverzüglich zu erfolgen.

Trotz der nun schon bereits länger geführten Diskussion über die Möglichkeit, Nadelstichverletzungen durch den Einsatz sicherer Arbeitsgeräte zuverlässig zu vermeiden, ist von Informationsdefiziten der verantwortlichen Entscheidungsträger in Krankenhäusern, Rettungsdiensten und anderen betroffenen Branchen auszugehen. Die Formulierungen der novellierten TRBA 250 sind zudem vielfach erläuterungsbedürftig. Zur Erhöhung der Akzeptanz der neuen Anforderungen und späterer Kontrollen ist daher zunächst eine umfassende Information der betroffenen Arbeitgeber sinnvoll. Bereits in dieser Phase sollte eine möglichst breite Kooperation aller Betroffenen angestrebt werden.

Bestehende Netzwerke können hierzu sinnvoll eingesetzt werden. In Niedersachsen existiert in der Region Hannover seit 2002 ein solches Netzwerk auf Initiative des Staatlichen Gewerbeaufsichtsamtes Hannover: der

„Runde Tisch für Betrieblichen Arbeits- und Gesundheitsschutz in der Region Hannover". Unter Federführung des niedersächsischen Gewerbeärztlichen Dienstes hat hier eine Arbeitsgruppe gemeinsam mit Vertretern der Berufsgenossenschaft für Gesundheitsdienst und Wohlfahrtspflege, der Niedersächsischen Krankenhausgesellschaft, des Verbandes Deutscher Betriebs- und Werksärzte und weiterer Experten aus der Praxis eine eintägige Fachtagung zum Thema [4] vorbereitet, ein Merkblatt für Krankenhäuser über die wesentlichen neuen Anforderungen der TRBA 250 und eine Arbeitshilfe für die geforderte spezielle Gefährdungsbeurteilung erarbeitet. Krankenhäuser wurden vorrangig gewählt, da sie neben Rettungsdiensten in besonderem Maße von der Novellierung der TRBA 250 betroffen sind. Anders als Rettungsdienste können Krankenhäuser in Teilbereichen unter bestimmten Voraussetzungen auf die Einführung sicherer Arbeitsgeräte verzichten. Das Merkblatt und die Arbeitshilfe für die Gefährdungsbeurteilung wurde im März 2007 fertig gestellt und über die Niedersächsische Krankenhausgesellschaft an deren Mitglieder verteilt. Die Unterlagen sind auch im Internet unter www.runder-tisch-hannover.de verfügbar.

Mit dem Merkblatt wurde den Krankenhäusern ergänzend angeboten, ihre Erfahrungen in der Anwendung einzelner sicherer Arbeitsgeräte produktbezogen zentral und anonym durch den Gewerbeärztlichen Dienst über eine standardisierte Checkliste [7] auswerten zu lassen. Die zusammengefassten Ergebnisse könnten dann sukzessive über den Runden Tisch für betrieblichen Arbeits- und Gesundheitsschutz ebenfalls im Internet jedem Interessenten zugänglich gemacht werden. Für die Auswahl geeigneter sicherer Arbeitsgeräte würde den einzelnen Arbeitgebern damit in Zukunft ein Pool an Erfahrungen zur Verfügung stehen.

In einem zweiten Schritt wird der niedersächsische Gewerbeärztliche Dienst noch in 2007 pilotartig in einer Stichprobe Krankenhäuser in Niedersachsen hinsichtlich der Umsetzung der TRBA 250 überprüfen und gezielt im Einzelfall beraten. Je nach Ergebnis der Pilotphase ist eine Ausweitung der Überprüfung in den Folgejahren vorgesehen.

Die Umsetzung der TRBA 250 in Rettungsdiensten wird ebenfalls noch in 2007 vom niedersächsischen Gewerbeärztlichen Dienst überprüft. Diese Maßnahme ist in eine umfangreichere Erhebung zur Umsetzung von Arbeitsschutzvorschriften in Rettungsdiensten eingebettet. Die Träger der Rettungsdienste wurden über die einzelnen Inhalte der Prüfung bereits im Detail zu Beginn des Jahres 2007 informiert.

3 Welche inhaltlichen Anforderungen an die Umsetzung der TRBA 250 werden seitens der Gewerbeaufsicht in Niedersachsen gestellt und welche zeitlichen Perspektiven der Realisierung werden erwartet?

Zu unterscheiden ist zunächst zwischen den unter Punkt 1 im Abschnitt 4.2.4 der TRBA 250 festgelegten Einsatzbereichen und weiteren Bereichen/Tätigkeiten. Weiterhin sind Patienten mit nachgewiesener Infektion mit Erregern der Risikogruppe 3 (einschließlich Risikogruppe 3**) oder höher gesondert zu betrachten.

3.1 Patienten mit nachgewiesener Infektion mit Erregern der Risikogruppe 3 (einschließlich Risikogruppe 3**) oder höher

In diese Kategorie fallen z.B. Patienten mit HIV-, Hepatitis-B- oder Hepatitis-C-Infektionen. Für die Behandlung dieser Patienten sind bereits seit dem 01. August 2006 sichere Arbeitsgeräte zu verwenden. Ein gleichwertiger Schutz durch andere (z.b. organisatorische) Maßnahmen ist aufgrund der hohen Infektionsgefahr und dem Primat technischer Schutzmaßnahmen in der Regel nicht zu erreichen. Sofern für diese Tätigkeiten noch konventionelle Arbeitsgeräte zum Einsatz kommen, wird dieser Mangel in der üblichen Weise gestuft durch die Gewerbeaufsicht geahndet werden. Im ersten Schritt erhält der Betrieb ein gebührenpflichtiges Revisionsschreiben mit Mängelbeschreibung und Festlegung einer Frist bis zur Behebung der Mängel erstellt.

Konventionelle Arbeitsgeräte dürfen nur eingesetzt werden, wenn praxistaugliche sichere Alternativen auf dem Markt noch nicht erhältlich sind. Der Arbeitgeber wäre in der Pflicht, dies nachzuweisen.

3.2 Behandlung fremdgefährdender Patienten und Tätigkeiten im Rettungsdienst, in der Notfallaufnahme sowie in Gefängniskrankenhäusern:

Für diese Bereiche können entsprechend der Empfehlung des ABAS bis zum 01. August 2007 Altbestände an konventionellen Arbeitsgeräten aufgebraucht werden. Neubeschaffungen konventioneller Arbeitsgeräte sind hingegen für den Einsatz in diesen Bereichen nicht zulässig. Auch für diese Bereiche gilt, dass ein gleichwertiger Schutz durch andere Maßnahmen aufgrund der schwer kontrollierbaren Arbeitsbedingungen und dem Primat technischer Schutzmaßnahmen in der Regel nicht zu erreichen ist. Sofern für diese Tätigkeiten nach dem 01. August 2007 noch konventionelle Arbeitsgeräte zum Einsatz kommen, wird auch hier der Mangel in der oben bereits erwähnten Weise durch die Gewerbeaufsicht geahndet.

Ausnahmen sind auch hier wieder nur für Arbeitsgeräte möglich, für die praxistaugliche sichere Alternativen auf dem Markt noch nicht erhältlich sind. Dies wäre vom Arbeitgeber nachzuweisen.

3.3 Unter welchen Voraussetzungen kann in anderen Bereichen auf den Einsatz sicherer Arbeitsgeräte verzichtet werden?

Im Abschnitt 4.2.4 der TRBA 250 werden unter Punkt 3 die Voraussetzungen für einen möglichen Verzicht auf sichere Arbeitsgeräte aufgelistet. Eine gesondert dokumentierte Gefährdungsbeurteilung, an deren Erstellung der Betriebsarzt maßgeblich beteiligt war, muss nachweisen, dass entweder

- ein geringes Infektionsrisiko vorliegt oder
- Arbeitsabläufe, die das Verletzungsrisiko minimieren, festgelegt sind.

Die Beteiligung des Betriebsarztes ist zu dokumentieren. Dabei muss deutlich werden, in welchem Umfang die Gefährdungsbeurteilung vom Betriebsarzt inhaltlich mitgetragen wird.

Die Wirksamkeit der getroffenen Schutzmaßnahmen ist nachvollziehbar zu überprüfen und zu dokumentieren. Hierzu muss zunächst das zu erreichende Schutzziel definiert werden und eine Festlegung erfolgen, wie die Wirksamkeit der getroffenen Schutzmaßnahmen geprüft wird. Das Schutzziel ist grundsätzlich die Vermeidung einer Infektionsübertragung durch spitze oder scharfe Geräte.

Da es sich dabei glücklicherweise um ein relativ seltenes Ereignis handelt, ist eine Überprüfung der Wirksamkeit der Schutzmaßnahmen anhand dieses Parameters nicht sinnvoll möglich. Alternativ muss daher in diesem Kontext die Vermeidung einer Stichverletzung – als Voraussetzung der Infektionsübertragung – als Schutzziel gewählt werden. Um die Wirksamkeit der Schutzmaßnahmen nachweisen zu können, ist eine möglichst umfassende Erfassung von Nadelstichverletzungen zwingend. Eine Erfassung ausschließlich über Verbandbücher kann nicht akzeptiert werden. Durch z.B. eine anonymisierte Befragung der Beschäftigten ist nachzuweisen, dass die gewählten Verfahren zur Erfassung der Nadelstichverletzungen geeignet sind, eine zuverlässige Aussage über die Anzahl von Nadelstichverletzungen zu treffen.

Nun zu den einzelnen Voraussetzungen für einen Verzicht auf sichere Arbeitsgeräte:

Ein **geringes Infektionsrisiko** liegt vor, wenn der Infektionsstatus des Patienten HIV, HBV und HCV negativ ist. Diese Aussage lässt sich jedoch nur treffen, wenn der serologische Nachweis geführt wurde, dass keine Hepatitis-B-, Hepatitis-C- oder HIV-Infektion vorliegt. Da eine routinemäßige Bestimmung des Infektionsstatus der Patienten, insbesondere hinsichtlich HIV, nicht erfolgt, wird diese Voraussetzung in der Praxis nur extrem selten erfüllt sein.

Arbeitsabläufe, die das Verletzungsrisiko minimieren, setzen voraus, dass

- bei der Punktion geeignete Schutzhandschuhe getragen werden *und*

- nachweislich Schulungen vor Aufnahme der Tätigkeit und regelmäßige Unterweisungen mindestens jährlich erfolgen und dokumentiert werden *und*

- diese Arbeitsabläufe auch in Notfallsituationen nicht umgangen werden. Hierzu sind mindestens die schriftliche Festlegung der Arbeitsabläufe (beispielsweise in einer Verfahrensanweisung oder in einer Betriebsanweisung) und die regelmäßige praktische Übung zu fordern. Nach Notfallsituationen ist zu prüfen, ob die festgelegten Arbeitsabläufe eingehalten wurden. Das Ergebnis dieser Prüfung ist zu dokumentieren.

- *Zusätzlich* ist sicherzustellen, dass ein erprobtes Entsorgungssystem zum Einsatz kommt. Hierzu gehört mindestens:

  - die Verwendung geeigneter Behälter und

  - die Platzierung der Behälter in unmittelbarer Reichweite des Punktierenden bzw. der Einsatz eines Tablettsystems mit Bereithaltung aller zur Punktion erforderlichen Materialien und

  - die Organisation des rechtzeitigen Wechsels der Behälter vor Erreichen der Füllungsgrenze.

Nur wenn alle genannten Voraussetzungen erfüllt sind und gleichzeitig nachgewiesen wurde, dass unter diesen Bedingungen keine Nadelstichverletzungen auftreten, kann vom Erreichen des Schutzziels ausgegangen werden.

Die parallele Verwendung konventioneller und sicherer Arbeitsgeräte begünstigt Verwechslungsmöglichkeiten und zieht erheblich erhöhte Anforderungen an praktische Schulungen, an Arbeitsanweisungen und ausreichende Bevorratung nach sich. Der Arbeitgeber steht in der Verpflichtung nachzuweisen, dass trotz dieser Erschwernisse das Schutzziel erreicht wird.

Für diese „sonstigen" Bereiche, die nicht unter Punkt 1 im Abschnitt 4.2.4 der TRBA 250 fallen, ist hinsichtlich der Umsetzungsfrist zwischen dem Aufbrauchen von Altbeständen und der Neubeschaffung konventioneller Arbeitsgeräte zu unterscheiden. Sofern lediglich Altbestände konventioneller Arbeitsgeräte verbraucht werden, müssen bei vollständigem oder teilweisem Verzicht auf sichere Arbeitsgeräte spätestens am 01. August 2007 Gefährdungsbeurteilung und Maßnahmen nachgewiesen werden können, die obige Anforderungen erfüllen. Eine Neubeschaffung konventioneller Arbeitsgeräte setzt hingegen unmittelbar den Nachweis von Gefährdungsbeurteilung und Maßnahmen voraus. Mängel würden in der üblichen Weise durch die Gewerbeaufsicht geahndet werden.

4 Was fordert die Gewerbeaufsicht, wenn sichere Arbeitsgeräte zum Einsatz kommen sollen?

Der Einsatz sicherer Arbeitsgeräte erfordert den Nachweis, dass die Punkte 4 und 7 des Abschnitts 4.2.4 der TRBA 250 bei der Auswahl der Geräte beachtet wurden. Beschäftigte sind vor Aufnahme der Tätigkeit und danach erneut mindestens bei Bedarf in die korrekte Nutzung einzuweisen (Punkt 5 des Abschnitts 4.2.4). Hierüber sind Nachweise zu führen. Die Verwendung sicherer Arbeitsgeräte entbindet nicht von der Verpflichtung, bei der Punktion geeignete Schutzhandschuhe zu tragen und ein erprobtes Entsorgungssystem wie oben beschrieben einzusetzen. Auch sichere Arbeitsgeräte sind in geeignete Behälter nach Abschnitt 4.1.2.8 der TRBA 250 zu entsorgen, da u.a. eine Reaktivierung durch Kompression nicht ausgeschlossen werden kann. Regelmäßige, mindestens jährliche, Unterweisungen zur sachgerechten Entsorgung und zu Maßnahmen nach Nadelstichverletzungen sind durchzuführen und zu dokumentieren.

Der Einsatz sicherer Arbeitsgeräte entbindet ebenfalls nicht von der Verpflichtung, die Wirksamkeit dieser Maßnahme zu überprüfen (Punkt 6 des Abschnitts 4.2.4). Eine möglichst umfassende Erfassung von Nadelstichverletzungen ist somit auch unter diesen Voraussetzungen erforderlich. Durch geeignete Maßnahmen (z.B. anonymisierte Befragung) ist zu prüfen, ob das eingesetzte Verfahren zur Erfassung von Nadelstichverletzungen diesen Ansprüchen gerecht wird.

5 Literatur

[1] Verordnung über Sicherheit und Gesundheitsschutz bei Tätigkeiten mit biologischen Arbeitsstoffen (Biostoffverordnung - BioStoffV) vom 27. Januar 1999 (BGBl. I S. 50), zuletzt geändert durch Artikel 2 der Verordnung vom 6. März 2007 (BGBl. I S. 261)

[2] Arbeitsschutzgesetz vom 7. August 1996 (BGBl. I S. 1246), zuletzt geändert durch Artikel 227 der Verordnung vom 31. Oktober 2006 (BGBl. I S. 2407)

[3] TRBA 250 Biologische Arbeitsstoffe im Gesundheitswesen und in der Wohlfahrtspflege. November 2003. Änderung und Ergänzung Juli 2006. Bundesarbeitsblatt 7/2006, S. 193

[4] Fachtagung „Infektionsrisiko durch Nadelstichverletzungen - Neue Regelungen verpflichten zum Einsatz sicherer Systeme". 11. Oktober 2006, Hannover. *www.runder-tisch-hannover.de*

[5] Novellierung der TRBA 250 - Einführung sicherer Arbeitsgeräte in Krankenhäusern. *www.runder-tisch-hannover.de*

[6] TRBA 250. Sind sichere Arbeitsgeräte erforderlich? Arbeitshilfen für die Gefährdungsbeurteilung im Krankenhaus. *www.runder-tisch-hannover.de*

[7] Prüfliste für sichere Arbeitsgeräte. *www.runder-tisch-hannover.de*

Technische Regel für Biologische Arbeitsstoffe TRBA 250 „Biologische Arbeitsstoffe im Gesundheitswesen und in der Wohlfahrtspflege"

Alte Fassung des Abschnitts 4.2.4
(veröffentlicht im Bundesarbeitsblatt 11/2003 S. 53)

+++ ACHTUNG +++ ALTE FASSUNG +++ ACHTUNG +++ ALTE FASSUNG +++

4.2.4

Spitze, scharfe oder zerbrechliche Arbeitsgeräte sollen durch solche geeigneten Arbeitsgeräte oder -verfahren ersetzt werden, bei denen keine oder eine geringere Gefahr von Stich- oder Schnittverletzungen besteht. Der Einsatz soll vorrangig dann erfolgen, wenn mit besonderen Gefährdungen zu rechnen ist. Bei der Auswahl von geeigneten Geräten oder Verfahren sind die Ergebnisse von Modell- oder Evaluierungsprojekten zu berücksichtigen.

Eine besondere Gefährdung kann bei der Anwendung an Patienten mit nachgewiesener Infektion durch Erreger der Risikogruppe 3**, z.B. in HIV-Schwerpunktpraxen, bestehen oder bei Rettungsdiensten sowie bei der Behandlung fremdgefährdender Patienten gegeben sein. Ein Verfahren ist z.B. auch geeignet, wenn es ein sicheres Zurückstecken der Kanüle in die Schutzhülle mit einer Hand erlaubt.

+++ ACHTUNG +++ ALTE FASSUNG +++ ACHTUNG +++ ALTE FASSUNG +++

TRBA 250 Wortlaut

Neufassung des Abschnitts 4.2.4
(veröffentlicht im Bundesarbeitsblatt 7/2006 S. 193)

4.2.4

Um Beschäftigte vor Verletzungen bei Tätigkeiten mit spitzen oder scharfen medizinischen Instrumenten zu schützen, sind diese Instrumente unter Maßgabe der folgenden Ziffern 1 bis 7 – soweit technisch möglich – durch geeignete sichere Arbeitsgeräte zu ersetzen, bei denen keine oder eine geringere Gefahr von Stich- und Schnittverletzungen besteht.

(1) Sichere Arbeitsgeräte sind bei folgenden Tätigkeiten bzw. in folgenden Bereichen mit höherer Infektionsgefährdung oder Unfallgefahr einzusetzen:

- Behandlung und Versorgung von Patienten, die nachgewiesenermaßen durch Erreger der Risikogruppe 3 (einschließlich 3**) oder höher infiziert sind

- Behandlung fremdgefährdender Patienten

- Tätigkeiten im Rettungsdienst und in der Notfallaufnahme

- Tätigkeiten in Gefängniskrankenhäusern

(2) Grundsätzlich sind sichere Arbeitsgeräte ergänzend zu Nr.1 bei Tätigkeiten einzusetzen, bei denen Körperflüssigkeiten in infektionsrelevanter Menge übertragen werden können. Zu diesen Tätigkeiten gehören insbesondere

- Blutentnahmen

- sonstige Punktionen zur Entnahme von Körperflüssigkeiten

(3) Abweichend von Nr. 2 dürfen herkömmliche Arbeitsgeräte weiter eingesetzt werden, wenn im Rahmen der Gefährdungsbeurteilung, die unter Beteiligung des Betriebsarztes zu erstellen ist, Arbeitsabläufe festgelegt werden, die das Verletzungsrisiko minimieren bzw. ein geringes Infektionsrisiko ermittelt wird.

Das Verletzungsrisiko wird beispielsweise minimiert durch

- festgelegte Arbeitsabläufe, die auch in Notfallsituationen nicht umgangen werden und
- Schulungen und jährliche Unterweisung der Beschäftigen und
- ein erprobtes Entsorgungssystem für verwendete Instrumente (siehe Abschnitt 4.1.2.8)

Ein geringes Infektionsrisiko besteht, wenn der Infektionsstatus des Patienten HIV und HBV und HCV negativ ist.

Das Ergebnis dieses Teils der Gefährdungsbeurteilung ist gesondert zu dokumentieren.

(4) Die Auswahl der sicheren Arbeitsgeräte hat anwendungsbezogen zu erfolgen, auch unter dem Gesichtspunkt der Handhabbarkeit und Akzeptanz durch die Beschäftigten. Arbeitsabläufe sind im Hinblick auf die Verwendung sicherer Systeme anzupassen.

(5) Es ist sicherzustellen, dass Beschäftigte in der Lage sind, sichere Arbeitsgeräte richtig anzuwenden. Dazu ist es notwendig über sichere Arbeitsgeräte zu informieren und die Handhabung sicherer Arbeitsgeräte zu vermitteln.

(6) Die Wirksamkeit der getroffenen Maßnahmen ist zu überprüfen.

(7) Sichere Arbeitsgeräte zur Verhütung von Stichverletzungen dürfen Patienten nicht gefährden.

Darüber hinaus müssen sie folgende Eigenschaften haben:

- Der Sicherheitsmechanismus ist Bestandteil des Systems und kompatibel mit anderem Zubehör
- Seine Aktivierung muss mit einer Hand erfolgen können
- Seine Aktivierung muss sofort nach Gebrauch möglich sein
- Der Sicherheitsmechanismus schließt einen erneuten Gebrauch aus
- Das Sicherheitsprodukt erfordert keine Änderung der Anwendungstechnik
- Der Sicherheitsmechanismus muss durch ein deutliches Signal (fühlbar oder hörbar) gekennzeichnet sein

Dem Einsatz sicherer Arbeitsgeräte stehen auch Verfahren gleich, bei dem das sichere Zurückstecken der Kanüle in die Schützhülle mit einer Hand erfolgen kann, z.B. Lokalanästhesie in der Zahnmedizin oder bei der Injektion von Medikamenten (Pen).

Fortschritte in der Präventiv- und Arbeitsmedizin
Herausgegeben von F. Hofmann

In der Buchreihe sind bisher erschienen:

Band 1	Hofmann, F.	Hepatitis A in der Arbeitswelt ISBN 3-609-64850-3 lieferbar
Band 2	Hagberg, M./Hofmann, F./ Stößel, U./Westlander, G.	Occupational Health for Health Care Workers ISBN 3-609-64710-8 vergriffen
Band 2.1	Hagberg, M./Hofmann, F./ Stößel, U./Westlander, G.	Occupational Health for Health Care Workers 2nd International Congress, Stockholm 1994 ISBN 3-609-62650-X vergriffen
Band 2.2	Hofmann, F./Michaelis, M./Stößel, U./Symington, I.	Occupational Health for Health Care Workers 3rd International Congress, Edinburgh 1997 ISBN 3-609-51960-6 vergriffen
Band 3	Hofmann, F.	Arbeitsbedingte Belastungen des Pflegepersonals ISBN 3-609-64400-1 vergriffen
Band 4	Hofmann, F./Michaelis, M./Siegel, A./Stößel, U.	Wirbelsäulenerkrankungen im Pflegeberuf ISBN 3-609-64510-5 vergriffen
Band 5	Hofmann, F.	Infektionsschutz in der Arbeitswelt ISBN 3-609-64380-3 vergriffen
Band 6	Leven, K.-H.	Die Geschichte der Infektionskrankheiten ISBN 3-609-51220-2 vergriffen
Band 7	Hofmann, F.	Betriebsarzt im Krankenhaus ISBN 3-609-69563-3 lieferbar
Band 8	Hofmann, F.	Infektionsschutz bei Kindern und Jugendlichen ISBN 3-609-51510-4 lieferbar
Band 9	Hofmann, F./Jilg, W.	Nosokomiale Übertragung von HBV, HCV und HIV ISBN 3-609-51550-3 vergriffen
Band 10	Hofmann, F./Walker, T.	Arbeitsbedingte Belastungen in der Zahnheilkunde ISBN 3-609-51740-9 lieferbar
Band 11	Hofmann, F./Walker, T.	Medizinische Fachberufe ISBN 3-609-20145-2 lieferbar
Band 12	Hofmann, F.	Technischer Infektionsschutz im Gesundheitsdienst – das Problem der blutübertragenen Infektionserreger ISBN 3-609-16219-8 lieferbar
Band 13	Hofmann, F./Kralj, N./ Schwarz, T.F.	Technischer Infektionsschutz im Gesundheitsdienst II – Anwendung doppelter Handschuhe ISBN 3-609-16243-0 lieferbar
Band 14	Hofmann, C.	Geschichte der arbeitsmedizinischen Praxis ISBN 3-609-16313-5 lieferbar
Band 15	Wittmann, A./Baars, S.	Nadelstichverletzungen ISBN 978-3-609-16379-6